本书受到国家自然科学基金项目（71203086、71403116）、中国博士后科学基金项目（2017M610321）、江苏省教育厅高校哲学社会科学基金项目（2016SJB790014）以及江苏省高校优势学科建设工程项目（PAPD）的资助，对此深表感谢！

贷款利率改革、农户正规借贷及其福利效果分析

The Reform of Interest Rate, Formal Lending of Rural Households and Welfare Impacts

易小兰／著

图书在版编目（CIP）数据

贷款利率改革、农户正规借贷及其福利效果分析/易小兰著 . —北京：经济管理出版社，2017.9

ISBN 978-7-5096-5305-0

Ⅰ.①贷⋯ Ⅱ.①易⋯ Ⅲ.①贷款利率—利率改革—研究—中国 ②农户—借贷—研究—中国 Ⅳ.①F832.4

中国版本图书馆 CIP 数据核字（2017）第 202683 号

组稿编辑：曹　靖
责任编辑：杨国强　张瑞军
责任印制：司东翔
责任校对：赵天宇

出版发行：经济管理出版社
　　　　　（北京市海淀区北蜂窝 8 号中雅大厦 A 座 11 层　100038）
网　　址：www.E-mp.com.cn
电　　话：（010）51915602
印　　刷：北京玺诚印务有限公司
经　　销：新华书店
开　　本：720mm×1000mm/16
印　　张：10.75
字　　数：205 千字
版　　次：2017 年 10 月第 1 版　2017 年 10 月第 1 次印刷
书　　号：ISBN 978-7-5096-5305-0
定　　价：68.00 元

·版权所有　翻印必究·
凡购本社图书，如有印装错误，由本社读者服务部负责调换。
联系地址：北京阜外月坛北小街 2 号
电话：（010）68022974　邮编：100836

目 录

第一章 导论 ·· 1

    第一节 问题的提出 ·· 1

    第二节 总体安排与相关说明 ··· 3

    第三节 可能的创新 ·· 5

第二章 理论基础与文献综述 ·· 7

    第一节 理论基础 ··· 7

    第二节 文献综述 ··· 13

第三章 调查设计与样本概况 ··· 19

    第一节 调查设计 ··· 19

    第二节 样本概况 ··· 21

第四章 农户正规借贷需求及其可得性的影响因素分析 ·························· 35

    第一节 研究背景及文献回顾 ··· 35

    第二节 数据来源、变量定义及描述性统计 ··································· 37

    第三节 农户正规借贷需求影响因素分析 ······································ 41

    第四节 农户贷款可得性的影响因素分析 ······································ 43

    第五节 本章小结 ··· 45

第五章 农户贷款支付意愿、可得性及其地区差异 ································ 46

    第一节 研究背景及文献回顾 ··· 46

    第二节 数据来源与变量选择 ··· 47

    第三节 农户贷款支付意愿影响因素分析 ······································ 52

第四节 农户贷款可得性影响因素分析 ………………………… 54
  第五节 农户贷款的地区差异分析 ……………………………… 57
  第六节 本章小结 …………………………………………………… 59

第六章 农户贷款利率改革的福利分析——以农村信用社为例 … 62
  第一节 研究背景及问题的提出 …………………………………… 62
  第二节 农村信用社发展概况 ……………………………………… 63
  第三节 理论框架与研究方法 ……………………………………… 71
  第四节 利率改革对农户福利的影响 ……………………………… 74
  第五节 福利变动的地区差别 ……………………………………… 79
  第六节 本章小结 …………………………………………………… 81

第七章 放宽市场准入下农户借贷渠道选择及贷款可得性分析 … 82
  第一节 研究背景及问题的提出 …………………………………… 82
  第二节 相关研究进展及评述 ……………………………………… 83
  第三节 数据来源、样本概况与变量定义 ………………………… 86
  第四节 农户借贷渠道选择行为及其影响因素分析 ……………… 91
  第五节 扩大金融服务覆盖面对农户贷款可得性的影响 ………… 94
  第六节 本章小结 …………………………………………………… 97

第八章 政策建议与研究展望 …………………………………………… 99
  第一节 政策建议 …………………………………………………… 99
  第二节 研究展望 …………………………………………………… 101

附录（一） ……………………………………………………………………… 103

附录（二） ……………………………………………………………………… 112

参考文献 ………………………………………………………………………… 159

第一章 导 论

第一节 问题的提出

农户融资难是中国农村金融改革面临的核心问题（洪正，2011）。过去为了支持"三农"发展，政府一直对农村金融机构采取严厉的管制并实施受限制的贷款利率，试图以限制利率的方式降低农业生产成本。但是，任何限价政策都有可能导致资源配置的扭曲，使稀缺的资源无法得到充分利用，从而产生效率损失，受管制的贷款利率也不例外。不仅如此，对利率的限制必然影响贷款的数量，农户是否能真正从中受益就成为一个值得研究的问题。

然而农户贷款利率改革问题在学术界却颇具争论。支持农户贷款利率市场化者认为，受管制的贷款利率可能使农村金融机构产生"寻租"行为，因此其好处不会全被农户所得；此外，它还会使信贷资金供求缺口增大，只有极小部分农户能够从正规渠道获得低息贷款（高帆，2002；乔海曙，2001），部分无法从农村金融机构获得贷款的农户可能转向其他较高利率的金融组织，从而不得不承受高利率下的高成本和经营风险（李刚，2005；Li X et al.，2011）；同时还有相当数量的农户可能根本无法获得正规贷款。在这种情况下，政府原打算利用受管制的贷款利率降低农户贷款成本、发展农村经济的政策就可能失效。而且对农户来说，他们愿意选择"贵的但可用的东西"而不是"便宜但不可用的东西"；对农村金融机构来说，放开利率管制可以提高农村金融机构的盈利能力；对支持"三农"来说，农村金融机构增加资金投入能够更好地支持农村农业的发展。而反对者则认为，农户被迫接受高的贷款利率，加重了利息负担，不符合国家扶持农民增收的政策；存贷款利差悬殊，超过合理水平，且高的贷款利率使农村金融机构流失部分客户。支持者所论述的关键在于农户贷款是否"可用",以及是想让农户得到贷款还是得到低利率的贷款?如果是低利率但不可用的贷款,那么,在受管制的贷款利率下谈论农村金融机构对扶持农民增收、支持"三农"发展等政策的作用就值得怀疑,不如放开利率。而反对者所论述的关键则在于现有的利率改革政策加重了农户的利息负担,使低收入者难以承受,不那么贫困的农户挤出贫困农户(Cheng E,2007),这与政策的设计目标相背离。

那么到底要不要进行农户贷款利率改革?我们认为其应该取决于改革的效率。如果农户贷款利率改革带来农户经济福利的净损失,该项改革必然会因为效率问题而受到质疑和批评。如果增加利息支出的同时也增加了农户获得贷款的数量,农户经济福利又将如何变动?农户经济福利变动的方向取决于哪些因素?是否具有地区差别?这些问题亟待我们回答。然而,目前我们尚未在国内看到相关研究。

我们不讨论农户获得贷款以后是否用于扩大生产,也不测度农户是否从扩大生产中增加自己的福利,而是把研究集中在农户贷款,将农户贷款作为一种特殊的商品,单纯地测度这种商品价格的提高对供求数量的影响,以及由该市场本身的供求变化所导致的农户经济福利的变化,并以该商品市场的福利大小作为农户贷款利率是否应该市场化的标准,从新的视角考察农户贷款利率改革的效率问题。从福利经济学的角度看,如果农户贷款需求函数和供给不变,那么贷款利率的提高会使农户经济福利下降;而如果在贷款利率提高的同时,放开了整个农村金融市场,农户贷款的供给从数量和利率的双重限制转为放开,在价格上升的同时农户贷款的供给曲线外移,农户福利的变化就将取决于贷款利率和贷款数量两者的相对变化幅度。

本书集中讨论农户贷款利率改革对农户贷款本身的均衡数量与均衡价格的影响,特别是这一市场均衡点的变化对农户经济福利的影响。农户贷款作为一种特殊的商品,其生产者剩余是农村金融机构获得的存贷利差,在农户贷款需求不变的情况下,贷款利率的提高与贷款数量的增加必然带来生产者剩余的增加。在西方经济学中,消费者剩余是消费者愿意支付的价格与购买该商品实际支付的价格的差额。因此,农户经济福利就是农户为获得正规贷款而愿意支付的最高利息与其实际支付的贷款利息的差额。由此可见,农户贷款利率改革对农户经济福利的影响主要取决于农户贷款需求曲线与贷款利率的变动。而各地区农村金融环境不同,农户正规借贷行为及其贷款可得性也不同,致使各地区农户经济福利的变动方向也不尽相同。

第二节 总体安排与相关说明

一、总体研究思路与研究内容

农户贷款利率改革对农户家庭福利的影响实际上非常复杂。短期或一次性地放开利率可能并不会对市场及其行为主体产生多大的影响。但是，长期、持续地作用必然会转化为金融市场的供求反应：农户借贷需求以及农村金融市场供给都将发生变化，供需共同作用将会改变农村金融市场的非均衡状态，农户贷款可得性及其家庭福利都有可能受到一定的影响。从福利经济学的角度看，如果把农户贷款本身看作一种特殊的商品，如果农户需求曲线不变，由利率改革所引致的农户家庭福利的变化就取决于贷款利率以及实际获得的贷款数量的变化幅度。

本书以农户贷款利率改革的效率为基本出发点，根据经济学基本理论，构建分析农户贷款利率改革对农户家庭福利的影响及作用机制的理论分析框架；实证分析农户正规借贷需求、贷款支付意愿、贷款可得性及其地区差异，在此基础上探讨农村金融市场不均衡的原因；模拟农户贷款需求曲线、测算农村信用社发放农户贷款的机会成本，并采用马歇尔经济剩余法测度农户贷款利率改革对农户家庭福利的影响，探讨利率改革的效率；探讨新一轮农村金融改革中放宽农村金融市场准入对农户借贷渠道选择及信贷可得性的影响；根据上述研究结果，讨论进一步放开农村金融市场、提升农户家庭福利以及完善农村金融改革的各种可能的政策选择，为现阶段农村金融改革政策的实施方向和重点提供理论基础和决策参考。

主要研究内容如下：

（1）农户正规借贷需求行为及其影响因素。本部分内容通过问卷调查获取农户正规借贷行为及其相关数据，并根据特定的定义鉴别出具有正规借贷需求的农户，分析农户个体特征、家庭特征、家庭支出等一系列社会经济变量对农户正规借贷需求行为的影响。

（2）农户贷款支付意愿及其影响因素。本部分内容采取假想价值评价法，通过问卷调查的方式获取农户正规贷款支付意愿，实证分析农户个体特征、家庭特征、还款能力、信用等级以及社会关系等一系列因素对农户贷款支付意愿的影响。

(3) 农户贷款可得性及其影响因素。本部分内容首先分析具有正规贷款需求的农户是否获得了正规贷款，具体考察农户个体特征、家庭特征、家庭还款能力等一系列社会经济变量对农户贷款可得性的影响；其次将农户贷款可得性及其影响因素研究与农户贷款支付意愿及其影响因素研究得出的结论相比较，影响农户贷款支付意愿的因素与影响农户贷款可得性的因素并不完全一致，尝试从农户的视角探析我国农村金融市场非均衡的原因。

(4) 农户贷款利率改革的福利分析。根据农户贷款支付意愿模拟样本农户的贷款需求曲线，根据农村信用社发放农户贷款的机会成本来测算市场化的农户贷款利率，结合所获得的农户贷款需求曲线和市场化的贷款利率，采用 Marshall 消费者剩余来测度农户家庭福利效应变动。

(5) 放宽市场准入下农户借贷渠道选择及信贷可得性分析。本部分内容实证分析放宽农村金融市场准入下农户借贷渠道选择行为及其变化情况，并分析新型农村金融机构服务覆盖面的扩大对农户正规信贷需求及其信贷可得性的影响。该部分内容可以作为以上几部分内容的补充，加深了解现阶段农村金融改革政策的发展状况和实施效果，还可以从农户角度为政策的进一步完善提供科学的理论依据。

二、研究范围与数据来源

采用理论分析与实证模型相结合的方法，利用二手资料与微观数据，在阅读文献的基础上选定以下研究问题：①分析农户正规借贷行为及其贷款可得性，并基于农户微观视角来解析农村金融市场不均衡；②采用福利经济学的方法，测算利率市场化后各地区农户家庭福利的变动；③新一轮农村金融改革中放宽农村金融市场准入对农户借贷渠道选择及信贷可得性的影响。

研究使用公开数据库结合实地调查数据进行实证分析，具体数据来源如下：

(1) 实地调查①。研究所采用的数据来自 2010 年对江苏、河南和甘肃三个地区所进行的调查，选择该三个地区的理由是因为上述三个地区分别代表了我国东部、中部以及西北不同的经济发展水平、人口密度以及农户经营活动性质，具有较大的地域差异，可以较好地解释各地区贷款利率市场化的效率差异。通过对农村信用社和农户家庭的调查，获得农村信用社发放各类贷款的平均利率等方面的信息，以及农户借贷需求、规模、渠道、利率、贷款支付意愿等方面的一手数据。由于农户贷款的期限受农业生产周期的影响，多数以 1 年

---

① 本书第三至第六章所采用的数据均来自 2010 年对江苏、河南和甘肃所进行的实地调查。

为期,有的期限更长,为了使问卷调查更准确,对农户贷款申请、发放情况等问题的调查追溯至2008年。为使样本更具有代表性,调查采用分层抽样和简单随机抽样相结合的方法,首先按各乡镇的人均纯收入分层从三个样本县(市)各抽取5个样本乡镇,然后再随机从每个样本乡镇中分别抽取1家农村信用社和40户左右的农户进行调查,最终获得乡镇农村信用社数据15份和农户问卷608份。

(2) 公开数据库。各地区的社会经济状况、人口密度、农业生产等背景资料可以从官方统计年鉴、文献等渠道获得。各类农村金融机构涉农贷款及不良贷款、各地涉农贷款和"三农"贷款占比、农村信用社基本发展情况可以从《中国金融年鉴》(历年)、《中国农村金融服务报告》(历年)等公开数据库获得,这些综合性报告内容涵盖各相关部门推荐农村金融工作的主要政策和措施、农村金融机构开展农村金融创新的实践和经验、农村金融基础设施建设与金融服务以及对农村金融的主要扶持政策。根据该报告数据可以了解农村信用社的发展、农村金融服务水平的变化等基本情况。

第三节 可能的创新

已有文献集中于农户借贷需求行为及其特点,并以此为出发点来改善供给,从而改善农村金融市场不均衡。然而,只考察农户借贷需求行为及其特点必然有偏,有必要结合农户贷款可得性从侧面考察农村金融机构农户贷款供给行为,供需结合才能更为全面地探析农村金融市场非均衡问题。而农户贷款利率改革能否增加贷款供给并增进农户福利尚未有实证方面的研究,因此有必要在福利经济学的分析框架下,将农户贷款本身作为一种商品,研究贷款市场本身的福利变化,探讨这一特种商品价格与数量的变化对消费者剩余的影响。本书首次从实证的角度测算了利率改革前后农户福利变动,构建了一个分析类似情况的全新分析框架。

研究可能的创新主要在于:

第一,建立了评价农户贷款利率改革效率的福利分析框架,这是研究的核心。书中将农户贷款作为一种特殊商品,该商品的价格就是贷款利率,以此为出发点,探讨了在不同地区市场化的贷款利率相对受管制的贷款利率所引起的社会福利的改变。

第二,研究借鉴了环境经济学的研究方法,即条件价值评估法,以构建农户贷款需求曲线。

第三，研究从基础的经济学理论出发，即在运行良好市场上商品的市场价格相当于其机会成本，我们利用农村信用社发放农户贷款的机会成本来估算利率改革后市场化的农户贷款利率，结合农户贷款需求曲线，并利用离散商品的消费者剩余的计算方法估算农户福利变动。

第二章 理论基础与文献综述

第一节 理论基础

一、农户借贷需求行为

何广文（2001）根据农户借贷需求行为的不同，将我国农村借贷需求主体划分为贫困型农户、维持型农户和市场型农户。张琴和赵丙奇（2006）根据经济发达程度把农户借贷需求分为三类，即较发达地区农户的发展性需求、中等发达地区农户的农业生产性需求和消费性需求以及较落后地区农户的消费性需求。在浙江、江苏等经济相对发达的省份，不少农民的主要收入来源已经非农化，这类农户属于市场型农户，他们的借贷需求是发展性需求，其特点是资金需求数额大、投资回报期长、期限稳定、还款来源明确。在一些中等发达的传统农业区，农业生产仍然是农户收入的重要组成部分，这类地区的大部分农户属于维持型农户，他们的借贷需求主要表现为农业生产性需求，其特点是季节性强、还款来源明确但可能不稳定。而在一些相对落后的传统农业区，农民的主要收入来源是农业，他们的收入可能无法应付生活中的大型开支、突发事件，比如房屋修缮、教育、疾病治疗等，这类农户属于贫困型农户，其借贷需求主要体现为消费性需求，特点是金额大小不定、临时应急性强、还款来源缺乏保障。

对于农户的发展性需求与农业生产性需求，农户借贷需求行为主要受借贷预期收益、获得预期收益的概率、借贷利率、借贷数量等因素的影响。由于单个农户决策内容是根据借贷利率决定借贷数量，因此农户借贷需求曲线呈现出借贷数量与借贷利率反向移动的关系。农户借贷决策行为如下：

$$W = \begin{cases} 1 & pI - rQ > 0 \\ 0 & pI - rQ \leq 0 \end{cases}$$

式中，W 为农户决策内容，1 表示借贷，0 表示不借贷。I 为借贷预期收益，p 为获得预期收益的概率，r 为借贷利率，Q 为借贷数量。当能够获得的预期收益 pI 大于借贷成本 rQ 时，农户就选择借贷；反之则放弃借贷。

对于农户消费性需求，农户消费性借贷需求通常用于生活中的大型开支或突发事件，因而往往不受借贷预期收益、获得预期收益的概率等因素的影响。虽然消费性借贷需求不考虑预期收益等因素的作用，但其借贷数量仍然受到借贷利率的影响，农户借贷需求曲线呈现出借贷数量与借贷利率反向移动的关系。

二、农户贷款供给行为

发展中国家农村金融机构主要面对的是分散的小农，金融交易规模小、次数多、信息难以获得，由于农业生产周期长、收益低、风险高，农业收入通常具有不确定性，现代化的商业性进入机构大多不仅不愿意涉足农村金融市场，甚至还有可能会阻碍农村金融交易的发生（温涛和王煜宇，2005）。对于农户贷款供给，农村金融机构主要受到预期收益、放贷成本以及获得预期收益的概率等因素的影响。

（一）不需要补贴的农村金融机构

鉴于已有研究，假设农村金融机构的决策内容 Y 是放贷与不放贷，其供给偏好主要取决于预期收益 TR、放贷总成本 TC，以及获得预期收益的概率 p。农村金融机构放贷决策行为：

$$Y = \begin{cases} 1 & pTR - TC \geq 0 \\ 0 & pTR - TC < 0 \end{cases}$$

式中，Y 为农村金融机构的决策内容，1 表示放贷，0 为不放贷。农村金融机构的预期收益 TR 为贷款利率 R 与贷款数量 $Q(R)$ 的乘积，而放贷总成本 TC 包括农村金融机构的固定成本 C_0、该笔贷款的存款利息[贷款数量 $Q(R)$ ×存款利率 R_0]，以及农户放贷成本 C_1，即：

$$TC = C_0 + R_0 \cdot Q(R) + C_1$$

将上式代入农村金融机构的放贷条件中：

$$p \cdot TR - TC = p \cdot R \cdot Q(R) - [C_0 + R_0 \cdot Q(R) + C_1] \geq 0$$

上式化简可得：

$$Q(R)(pR - R_0) \geq C_0 + C_1$$

（二）需要补贴的农村金融机构

在经济较落后、人口密度稀的部分西北地区，农业报酬可能无法维持一个农村金融机构的生存，农村金融机构需要政府补贴，其决策函数与条件为：

$$Y = \begin{cases} 1 & pTR + C - TC \geq 0 \\ 0 & pTR + C - TC < 0 \end{cases}$$

式中，Y 为农村金融机构的决策内容，1 表示放贷，0 为不放贷。TR 为预期收益、p 为获得预期收益的概率、C 为政府补贴、TC 为放贷总成本。

政府补贴成本 C 为政府补贴的利率 ΔR 与补贴后的均衡贷款数量 $Q_0(R)$ 之积，放贷总成本 TC 为农村金融机构的固定成本 C_0、该笔贷款的存款利息［贷款数量 $Q(R)$ ×存款利率 R_0］，以及农户放贷成本 C_1 之和，即：

$$C = \Delta R \cdot Q_0(R)$$
$$TC = C_0 + R_0 \cdot Q(R) + C_1$$

将以上两式代入西北地区农村金融机构的放贷条件中：

$$p \cdot TR + C - TC = p \cdot R \cdot Q(R) + \Delta R \cdot Q_0(R) - [C_0 + R_0 \cdot Q(R) + C_1] \geq 0$$

上式化简可得：

$$Q(R)(p \cdot R - R_0) + \Delta R \cdot Q_0(R) \geq C_0 + C_1$$

三、福利的衡量

（一）最高限价的福利效应

现有研究通常应用消费者剩余和生产者剩余衡量政府对市场干预政策的福利效应。如果政府对某商品进行最高限价，且最高限价被设定为低于均衡市场的水平，那么，该政府的价格控制将导致消费者剩余和生产者剩余的变化（见图 2-1）。对于消费者，该政策可能会使一部分消费者受到损失，但另一部分消费者可能得到好处。由于存在最高限价，生产和销售的数量从市场均衡时的 Q_0 下降到 Q_1，价格由市场均衡时的 P_0 下降到了 $P_{\max}$，那些在配给下买不到商品的消费者利益受损，而实际买到商品的消费者却因价格下降而得益。那些可以买到商品的消费者现在获得的剩余增加如图 2-1 中的阴影矩形 C 所示，即价格下降的幅度与在较低价格下消费者可以购得商品数量的乘积。而原来可以买到商品却在限价后无法买到的消费者，其消费者剩余的损失为阴影三角形 A 的面积，即由于价格下降而

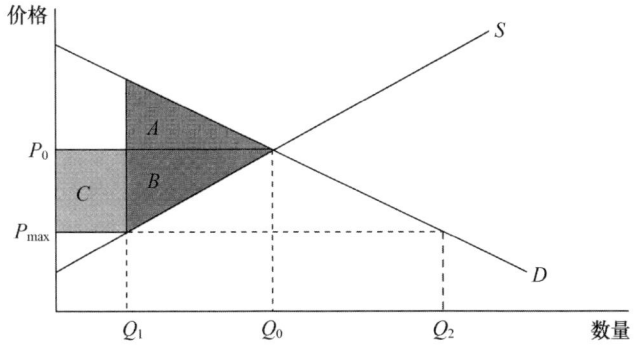

图 2-1 最高限价带来的生产者剩余和消费者剩余的变化

导致的供给减少与价格下降幅度的乘积的一半,这是由限价导致产出下降所带来的福利损失。因此,总体消费者剩余变化为 $C - A$。

对于生产者,在最高限价的政策下,一些成本相对较低的生产者仍然留在市场上,但是他们只能接受较低的价格,而其他生产者则退出市场,这两类生产者的福利都将受损。仍然生产的生产者由于价格下降而损失的生产者剩余 C,而离开市场的生产者的福利损失与那些留在市场上但由于产量下降而产生的福利损失之和为 B。因此,生产者剩余总的变化为 $-B - C$,即生产者因最高限价而遭受了损失。

(二) 消费者剩余的评估方法

消费者剩余指消费者为购买某种商品所愿意支付的最高价格与实际支付的价格之差。对于离散商品来说,消费者剩余等同于消费者的保留价格减去实际支出(范里安,1994),即要估算消费者剩余需要取得该商品的市场价格以及需求曲线。虽然农户贷款不同于日常消费品可以时常、反复地购买,但农户贷款通常以户以笔为单位,因此可以认为它是一种离散商品,其消费者剩余的计算需要农户贷款利率和农户贷款需求曲线。

高鸿业在论著《微观经济学》中提到:"西方经济学家认为,经济学是要研究一个经济社会如何对稀缺的经济资源进行合理配置的问题。从经济资源的稀缺性这一前提出发,当一个社会或一个企业用一定的经济资源生产一定数量的一种或几种产品时,这些经济资源就不能同时被使用在其他的生产用途方面。这就是说,这个社会或这个企业所获得的一定数量的产品收入,是以放弃用同样的经济资源来生产其他产品时所能获得的收入作为代价的。"也就是说,机会成本是指被放弃的价值最高的选择,又称替代性成本。在运行良好的市场上,经济资源的流动没有阻碍,市场价格等于机会成本。在生产中,生产一单位某种商品的机会成本相当于生产者所放弃的使用相同的生产要素在其他生产用途中所能得到的最高收入(高鸿业,2004)。在投资中,机会成本是资金未能得到充分利用而放弃掉的获利机会所带来的成本。因此,如果将农村金融机构发放的贷款分为农户贷款和其他贷款两类,那么发放农户贷款的机会成本就相当于农村金融机构发放其他贷款的平均贷款利率。而如果农村金融机构发放的其他贷款没有受到利率限制的影响,那么其他贷款的平均贷款利率可能就是利率改革后农户贷款的市场价格。

对于需求曲线,通过累加个别消费者的支付意愿来推论总体支付意愿是获得消费者需求曲线的一种可行的方法。在实证分析中,我们一般采用条件价值评估法(Contingent Valuation Method,CVM)获得消费者的支付意愿。孙香玉(2008)在对农业保险补贴的福利研究中指出,CVM 主要是借助若干假设性问题的安排,以问卷调查或实验为工具为非市场财货所设的一个假想市场,并提供假设市场信息,直接询问受访者对非市场财货品质改变所愿付的金额(Willingness to Pay,WTP)或愿意接受的价格(Willingness to Accept,WTA)。

总结已有研究,对 CVM 的询价方式主要有开放式出价法、付价值卡式出价法、逐步出价法、二分选择法以及开放与二元选择模式的结合。对于 CVM 各种询价方式效率的研究文献如表 2-1 所示。二元选择的询价模式相比其他模式易于回答,这样问卷调查的支付意愿结果也更有效。该方法首先提供受访者需要回答的初始值,"愿意"或是"不愿意";然后根据第一步对初始值的回答结果,选择更高的或更低的值继续询问消费者"愿意"或是"不愿意";最后是开放式地直接询问消费者的心理价位。

表 2-1 对条件价值评估法询价方式的研究

作者	时间(年)	内容
Hanemann, Loomis and Kanninen	1991	在理论与实证上均验证了双界二分选择法的估计结果比单届更有效率
Kanninen	1993	实证验证了双界二分选择法的估计结果更有效率
Loomis and Ekstrand	1997	采用多边界条件价值评估法用于测试平均支付意愿
Scarpa and Bateman	2000	验证了三界二分选择比双界更有效率,而双界至三界的效率改善情况仅相当于单界至双界的一半
苏明达	2003	构建近似理想诱导支付模式(AIEM),该支付模式将三界二分选择法与开放式询价法结合
苏明达和吴佩瑛	2004	验证了 AIEM 为效率理想指标,其余的二元选择方法都不能达到理想效率值
吴佩瑛,刘哲良,苏明达	2005	验证了开放式双界二元选择法的起始点偏误,结果表明,显示结合开放与选择双界选择模式的设计可以降低趋同回复偏误的支付方式

当 CVM 用于反复、大量购买的商品时,可能会使调查结果与消费者实际行为并不一致。因为该方法具有以下缺陷:

(1) CVM 较适用于一次性购买的商品,当用于经常、反复购买的商品时,使用该方法得到的消费者的回答可能是仍然选择购买,但实际上消费的数量可能会随着消费次数的增加而发生改变。

(2) CVM 的初始价格的设定存在偏误,Hanemann 等(1991)指出"调查者在一开始并不知道平均支付意愿,从而无法最优地设定初始价格"。

(3) 消费者有可能采取策略行为,有的受访者有"搭便车"行为,他们希望享有公共产品，因此在接受访问时会故意低报其支付意愿。Nestor（1998）和 Lusk（2003）指出"消费者试图通过其对 WTP 的高估或低估来影响市场政策的制定"。

（4）问卷设计及其所提供的信息、研究人员在调查时的态度与立场等都有可能对被访者将要回答的支付意愿产生影响。

由以上分析可知，当 CVM 用于评估反复、大量购买的商品的支付意愿时，用该调查评估的结果去预测市场价格和销售量必然有偏，据此对该商品的生产和流通进行成本收益等可行性分析或者社会福利变化分析也必然不准确。另外，用该方法做消费者支付意愿调查时，由于中国消费者可能受社会观念、伦理道德、社会地位等因素的影响，其调查结果与中国消费者的实际购买行为的差异相对发达国家消费者可能更大。虽然采用 CVM 评估商品支付意愿存在偏差，但该方法也是到目前为止评估商品支付意愿的一种非常有效的方法。而且各种偏误未必明显存在，有的偏误也有相应的解决方法（黄宗煌，1989）。此外，我们在采用该方法的同时还可以尽量克服偏误来源，将各种可能的偏误降至最低以减少误差。

表 2-2 条件估价法偏误来源、原因及其解决方法

偏误来源	产生原因	解决方法
策略性偏误	受访者为维护本身利益而不愿于问卷调查中显露其偏好，希望能影响调查结果	在问卷中尽量将问题的真实性与政策性之关联划分
假设偏误	CVM 有其固定之假设性，受访者在此假设市场中进行的选择未必与真实市场中相同	增加对假设市场的了解，使其与真实情况差距缩小
调查员偏误	调查员个别之调查态度与技巧，对调查内容与方式之认知程度等因素	借由调查员事前训练及其对问卷之了解
支付工具偏误	受访者的 WTA 或 WTP 与其收受或支付款项的方式有关，不同的支付方式会产生不同的支付结果	在问卷设计中，选择受访者比较习惯与容易接受的支付工具
起点偏误	问卷中起始点的价格会影响受访者最终的价格	使用竞价法以外的其他方法，如支付卡方法等
信息偏误	因问卷上所提供之信息不足，致使受访者所给予的答案有所偏误	于问卷测试中寻求适当的信息需求，并能于调查中提供给受访者相关信息
统计性偏误	起因于设计问卷和实际访问时，所考虑因素不够严谨所致（如抽样误差、遗漏值等）	可利用统计方法控制于一信赖区间内及尽量求问卷设计的周延

资料来源：黄宗煌. 游憩资源稀少性之测定方法——有效价格之分析 [J]. 台湾土地金融季刊，1989，26（4）：165-178.

第二节 文献综述

一、农村金融抑制

农村金融体系的基本功能是满足有利于农户增收、农业发展和农村经济增长的金融需求（刘西川等，2006）。然而我国农村金融市场却存在不同程度的金融抑制，农村资金供给似乎并不能很好地满足农村资金需求（王金龙，2005；熊建国，2006），整个农村金融市场处于非平衡状态，这种状态的持续存在将有可能会影响整个农村经济的发展（王叙果，2005）。

国内外现有研究一致认为我国农村存在不同程度的金融抑制。对农村金融抑制原因的探析，其中一种观点从供给角度出发，认为我国农村金融抑制是供给型金融抑制（Ma X H，2004；谢平，2001；谢平和尹龙，2001；谢平等，2001），正规金融部门对农户贷款的资金供给有限（乔海曙，2001），这种外部限制会导致不公平的信贷配给（Caiter M R，1988）。另一种观点是从供给与需求相结合的角度出发，认为农村金融抑制既可能是供给型，也可能是需求型（姚耀军，2005），存在供给与需求并存的金融抑制，其主要原因不仅是我国农村正规金融部门对农户贷款的资金供给有限，而且农户对正规金融部门的资金需求也相对有限（曹力群，2000；高帆，2002；马晓河和蓝海涛，2003；马晓河和姜长云，2003；房德东等，2004；Gale F and Collender R，2006）。

对如何缓解农村金融抑制，有的学者从风险管理、利益补偿、农村金融机构职能定位等角度出发，认为我国政府应提供合理的制度安排以满足农业对资金的需要（鲁靖和邓晶，2005），进一步完善农村金融制度（朱喜和李子奈，2006）。有的学者认为现有农村信贷风险补偿机制不完善，为此，需要健全农村金融组织体系（高东和石瑾，2009；Li X et al.，2011）。部分学者指出我国20世纪90年代后期国家开始主导整体金融市场，非正式金融受到政府的严重抑制，其直接后果是农村正式金融发展滞后，而农村非正式金融的发展备受打击和阻碍，即便如此，我国非正式金融对农户融资的贡献大于正式金融，因此有关部门应重视民间金融的地位与作用（周立，2005）。经济发展水平不同，"三农"问题的表现形式就不同，金融需求也不同，正式的金融安排越来越难以满足金融需求，非正式金融安排的发展又受到遏制，由此产生了金融供给和需求在总量和结构上的错位，因此，应以需求为导向调节农村金融供给（邓学衷和陈天阁，2005），因地制宜地调整农村信用社的地位,同时发挥民间金融的作用(Cheng E and Xu Z, 2004)。此外,还有学者指出农村金融服务覆盖面的扩大能够在一定程度上缓解金融抑制,但农村金融机构能否实现财务可持续性与金融服务覆盖面的协同发展可能受到信贷机制等多个因素的影响(Brau J C and Woller G M, 2004)。

此外,也有学者指出问题的关键可能是政府实行的受限制的利率政策,该利率政策不仅难以覆盖农村信用社小额信贷业务的经营成本和贷款风险,导致"市场挤出"现象发生(孔荣等,2007),而且还造成了农村信贷市场的扭曲,即在扩大贷款需求的同时使供给减少,这种扭曲对农村金融机构行为及效率产生影响并对农村信贷资金的配置产生影响(徐忠和程恩江,2004)。受限制的贷款利率扩大了供需缺口,推动农村金融市场化发展已经成为必然要求(陈鹏和孙涌,2007),农村金融市场化可以改善农村金融供需不平衡的状况。但是,有的文献却指出利率改革加重了农户的利息负担,与政策的设计目标相背离(郝凯等,2007)。

二、农户借贷需求

国内外对于农户借贷需求行为的探讨非常多,但提出不同声音的研究文章很少,这类研究通过对农户借贷需求行为的研究为农村金融体制改革提供一些现实依据。国际学术界对于农户借贷需求行为的研究主要是建立微观经济模型以分析影响农户借贷的因素,但绝大部分的数据都是20世纪末的(Hesser L F and Schuh G E, 1962;Pani P K, 1966;Long M F, 1968;Iqbal F, 1986;Nagarajan G et al., 1995;Kochar, 1997)。此外,Iqbal(2007)采用来自印度农户家庭数据进行分析,分析指出现有研究对资金需求的定义不恰当,农业技术变革对农村金融市场之间具有相互作用。Bastelaer(2006)对赞比亚南部农户借贷及其偿还意愿进行了分析,结果表明群体内影响集体行动的一些因素、基于社区的认知社会资本等因素与农户的还款表现相关。国内学者对于农户借贷需求行为的研究主要集中于农户借贷需求特征(李晓明和何宗干,2006)、农户借贷需求及其影响因素(何军等,2005),还有部分文献从借贷供需角度分析农村金融市场非均衡(中国社会科学院等,2000;朱守银等,2003;叶敬忠等,2004;宋磊和李俊丽,2006)。如霍学喜和屈小博(2005)通过对陕西渭北农户的借贷行为的调查发现,西部传统农业区域的农户借贷需求强烈,农户所需的借贷资金供给主要来自民间借贷,农村信用社等合作金融机构不能满足农户的借贷资金需求(霍学喜和屈小博,2005)。对于农户借贷需求,部分研究人员采用意愿调查法,通过直接询问农户"是否需要借款"或"希望获得多少借款"来获取相关信息(熊学萍等,2007;宫建强和张兵,2008),这种方法既没有考察农户是否有还款能力,也没有区分农户借贷渠道,因而获得的需求信息并不准确;还有部分研究人员考察农户实际借贷情况,通过直接询问农户"是否有正规借款""是否有非正规借款"等问题来获取信息(潘海英等,2011),并以此推论农户贷款需求,这种方法没有区分"没有借贷需求的农户"和"有借贷需求但没有获得资金的农户",即忽略了部分具有潜在借贷需求的农户,这与现实不符。

综观国内对于农户借贷需求的影响因素,就户主年龄的影响看,研究结论不尽相同,史清华和陈凯(2002)的研究发现,户主年龄适中的家庭的借贷发生率比较高;但有的研究认为户主年龄越大,借贷的可能性越大(贺莎莎,2008);还有的研究表明,户主年龄与其借贷需求呈负相关(宫建强和张兵,2008);也有一些研究表明,户主年龄并不显著影响农户的借贷需求(周宗安,2010)。在户主文化程度上,史清华和陈凯(2002)的研究发现,户主文化程度相对较高的家庭的借贷发生率比较高,但也有的研究表明,户主文化程度对农户的借贷行为的影响不显著(李锐和李超,2007)。从户主对正规金融机构借贷政策的认知程度来看,黎翠梅和陈巧玲(2007)、贺莎莎(2008)的研究都认为户主对正规金融机构借贷政策的认知程度越高,农户越可能有贷款需求。在农户家庭规模、劳动力数量和负担系数等家庭基本特征上,贺莎莎(2008)和周宗安(2010)的研究均表明家庭规模和劳动力数量与农户的借贷需求呈显著的正相关,黎翠梅和陈巧玲(2007)的研究发现,家庭负担系数对农户的借贷行为有显著正向影响。在农户家庭支出方面,韩俊等(2007)、李锐和李超(2007)的研究都表明,农户家庭的教育支出和医疗支出显著地正向影响着农户借贷行为,周小斌等(2004)和韩俊等(2007)的研究表明,农户家庭生产经营总支出也对农户借贷需求具有正向影响。在农户家庭经营土地规模上,周小斌等(2004)和熊学萍等(2007)的研究表明,农户所经营的土地面积正向地影响农户借贷需求,但黎翠梅和陈巧玲(2007)通过对湖南省华容县和安乡县农户的问卷调查发现,农户总耕地面积与农户借贷需求显著负相关。此外,周宗安(2010)的研究还发现,家庭资产总值与农户借贷需求呈显著的负相关,潘海英等(2011)对浙江温岭市379户农户借贷需求状况的研究发现,家庭总收入对农户借贷需求呈现出负向影响,而家庭非农收入则有显著的正向影响,但也有研究表明,非农收入与农户借贷需求呈反向变动关系(贺莎莎,2008)。对于农户家庭所处区位,周宗安(2010)的研究表明,所处区位未对农户的借贷需求产生显著性影响。

三、农户借贷可得性

不少文献通过考察农户借贷可得性来推论农户贷款供给情况,如果农户实际获得了资金就表示供给方愿意发放贷款,如果农户没有获得资金则表示供给方拒绝发放贷款。随着各地农业产业化程度的提高及其经营规模的扩大，农户对资金的需求规模逐步增大，从调查数据看，发展中国家农村正规金融与非正规金融并存（Giné X，2011），现阶段农村正规金融机构提供的信贷产品难以满足农户的实际借贷需求（张建杰，2008）。国外研究者特别关注农村金融市场化改革能否有效地提高贷款可得性，如 Varghese（2005）认为引入竞争机制、增加农村金融机构数量可以提高农户贷款可得性。Boonperm 等（2013）指出，引入市场竞争机制有助于提升农户获取正规金融服务的能力。Menkhoff 和 Rungruxsirivorn（2011）的研究也发现，农村金融市场化改革下，随着金融机构网点数目的增多，农户贷款可得性也会更高。在国内已有文献中，颜志杰等（2005）通过询问农户"是否获得过借款"以及"获得借款的规模"来考察影响农户实际获得资金及其规模的因素。冯旭芳（2007）和褚保金等（2008）将农户借贷行为分为"同时有正规贷款和非正规贷款""只有非正规贷款""只有正规贷款"和"没有任何贷款"四种，并分析影响农户获得资金支持的决定性因素。这些研究都存在将"有借贷需求但没有获得资金的农户"等同于"没有借贷需求的农户"的问题。

对于农户借贷可得性的影响因素研究，就户主个体特征的影响看，现有研究对户主年龄和文化程度的结论基本一致，即户主年龄反向影响农户获得资金的可能性，户主文化程度则与农户获得资金的可能性正相关（贺莎莎，2008；邹志强，2008），而且颜志杰等（2005）的研究还表明，户主文化程度显著影响农户获得正规贷款规模。在对农村金融机构的认知程度上，贺莎莎（2008）的研究发现，农户对银行的借贷政策了解得越多就越有利于其获得资金。在家庭社会关系上，邹志强（2008）的研究认为，农户家庭是否有成员担任乡村干部对农户的融资能力有显著正影响。从家庭劳动力人数上看，现有研究都基本认为家庭劳动力数量较多的农户获得资金的可能性较高（冯旭芳，2007；贺莎莎，2008；邹志强，2008）。在家庭负担水平上，冯旭芳（2007）的研究发现家庭负担水平与农户获得资金支持反方向变动。对于农户家庭资产，现有文献都一致认为农户家庭资产正向影响农户正规贷款可得性，如颜志杰等（2005）和褚保金等（2008）的研究发现，房屋价值正向影响农户能否获得正规贷款；冯旭芳（2007）对贫困农户借贷特征及其影响因素分析也表明，农户家庭住房价值、生产性固定资产原值与金融资产指标与获得正规金融支持同方向变动，此外，贺莎莎（2008）的研究也认为，农户家庭财产越多，其正规贷款可得性越高。在家庭收入上，冯旭芳（2007）、邹志强（2008）和褚保金等（2008）的研究都表明，农户总收入与农户获得资金支持同方向变动。对于家庭非农收入与非农就业能力，贺莎莎（2008）的研究表明，农户的非农收入与农户正规贷款可得性正向相关，冯旭芳（2007）的研究认为，农户非农就业能力与农户获得资金支持同方向变动。在家庭经营土地规模上，现有研究结论基本一致，即家庭经营土地规模正向影响农户获得农村金融机构正规贷款的支持（颜志杰等，2005；冯旭芳，2007；褚保金等，2008）。在家庭支出上，韩俊等（2007）的研究表明，教育支出和医疗支出增加了农户正规贷款可得性。在家庭生产经营活动上，韩俊等（2007）的研究表明，农户的生产性活动没有影响农户的资金获得率，但邹志强（2008）的研究认为，农户购置生产性固定资产支出可以吸引资金供给部门对其进行放贷。此外，对于地区差别，潘海英等（2011）的研究结果表明，相比经济发达程度较高的地区，经济发达程度为中等的地理区域内的农户比较难以得到正规资金。

四、借贷与农户福利

许多发展中国家农村金融市场存在一定程度的金融抑制，农户受到信贷约束非常普遍（Milde H and Riley J G，1988；Foltz J D，2004；Li Rui and Zhu Xi，2010），而无法获得正规信贷支持已经成为制约农户生产的一个关键性因素，这将会在很大程度上限制农户改善生活条件并提高生活水平（Coleman B E，1999；Gale F and Collender R，2006）。有关农村金融借贷对农户家庭福利影响的研究，国内外文献主要集中于考察借贷对农户家庭生产、收入等方面的作用。例如，Binswange 和 Khandker（1995）采用印度农户调查数据分析正规金融机构贷款对农村经济的影响，结果表明贷款对农户家庭生产及其收入具有决定性的作用。Pitt 和 Khandker（1998）对孟加拉国的研究结果也显示，贷款对农户家庭产出等许多方面都有一定程度的影响，能够显著提高贫困农户福利水平。国内的许多研究也表明，借贷对农户家庭福利状况具有非常显著的正向影响（李锐和李宁辉，2004）。例如，褚保金等（2009）采用江苏省欠发达的北部地区 372 个农户调查样本进行研究，结果表明借贷金额对受到信贷配给的农户家庭纯收入及其福利效果会产生显著的正向作用。赵振宗（2011）的研究发现，农村正规金融在满足农户生产发展方面发挥着重要作用，而非正规金融则对缓冲收入冲击有更重要的作用。

此外，还有不少国内外学者重点分析信贷约束、信贷配给或金融抑制等制约因素对农户家庭福利的影响。例如，Foltz（2004）利用来自突尼斯的农户调查数据进行分析，结果显示信贷约束直接影响农户农业生产投资、技术采用及其盈利能力。在国内，李庆海等（2012）采用 2003～2009 年我国 1000 个样本农户的调查数据进行分析，结果表明 64.5% 的农户受到信贷配给，信贷配给使农户家庭净收入和消费支出分别减少 18.5% 和 20.8%。类似地，常建新和姚慧琴（2015）采用 2007～2012 年陕西省 6000 户农户的调研数据，实证估计了农户的金融抑制程度及其导致的福利损失，结果发现，62.6% 的农户受到了金融抑制，金融抑制使得农户家庭净收入和消费支出分别减少13.0%和19.3%。另外,余泉生和周亚虹(2014)的研究显示,信贷约束对农户家庭福利存在显著的负向影响。

五、启示

现有关于农村金融抑制的研究大多将注意力集中于农村金融机构,特别是其本身的市场定位以及服务功能等问题。对于农户借贷需求行为的研究虽然很多,但在因变量的设置上多数存在将"有借贷需求但没有获得资金的农户"等同于"没有借贷需求的农户"的问题,这与实际情况不符,其研究结论必然有偏。同时,不同地区经济发展水平、农村金融市场环境存在差异,所以农户借贷也有地区差别,而现有研究对于农户贷款支付意愿、贷款可得性及其地区差异的研究却相对较少。而且已有研究往往独立地对农村金融机构、农户借贷行为、农户借贷可得性进行分析,这在一定程度上忽视了供需结合对农户家庭的影响,也会弱化政策制定及其在实施过程中的针对性和效果。

此外,现有文献对于农村金融与农户家庭福利的研究主要从农户借贷行为、信贷约束、金融抑制等视角进行探讨。对于农户贷款利率改革,有的研究指出,我国过去实行的受管制的贷款利率导致了农村信贷市场扭曲,这种扭曲会对农村信贷资金配置产生影响(徐忠和程恩江,2004),由此应该放开农村金融机构农户贷款利率;但有的文献却指出,农户贷款利率改革与政策的设计目标相背离,利率改革加重了农户的利息负担。如果增加利息支出的同时也增加了农户获得贷款的数量,农户经济福利如何变化?这种变化取决于哪些因素?由于受研究数据以及研究方法等因素的限制,很少有文献从福利经济学的角度分析贷款利率改革对农户家庭福利的影响及其作用机制。

第三章 调查设计与样本概况

第一节 调查设计

一、调查问卷

调查问卷主要包括农户问卷与农村信用社问卷两个方面。其中,农户问卷共分为三个部分,第一部分主要考察从 2008 年至 2010 年 8 月农户借贷行为并识别具有有效正规借贷需求的农户,包括询问农户是否有过借贷、借贷金额、借贷渠道、实际借到的金额、借贷利率、借贷期限以及当实际借到的金额不能完全满足需求时的解决方法等,询问部分农户不向农村信用社申请贷款的原因。由于经济学中的需求指消费者既有购买欲望又有购买能力的有效需求,因此借鉴刘西川(2008)具有有效正规借贷需求的农户的定义来识别具有有效正规借贷需求的农户。第二部分主要询问具有正规借贷需求的农户的正规贷款支付意愿,以及该支付意愿所对应的农户的贷款数量。第三部分主要包括农户家庭决策者的性别、年龄、受教育程度等基本个体信息,以及农户家庭人口数、赡养人口数、家庭生产性费用支出、是否有教育支出、是否有较大项的医疗支出、家庭资产等基本情况。

农村信用社问卷共分为两个部分,其中第一部分主要考察农村信用社在 2009 年的经营信息,包括农村信用社的固定成本、贷款总笔数、农户贷款总笔数、农户贷款平均额度、其他贷款平均额度、农户贷款平均年利率以及其他贷款平均年利率等。第二部分主要包括该农村信用社所在乡镇的总人口、农村人口、土地面积、耕地面积、国内生产总值、农业总产值、农村人均纯收入等。

二、样本选择

选择江苏泗洪、河南淮阳以及甘肃陇南进行调查,其原因在于各地区农村金融环境不同,农村金融机构发放农户贷款的机会成本与农户正规贷款支付意愿可能不同,因此,采用这三个地区的样本来进行分析可能更具有代表性。为了研究的需要,我们主要根据各乡镇的信用社服务范围、农业人口密度和农村人均纯收入进行抽样,分别从每个地区抽取5个乡镇,每个乡镇抽取1个农村信用社和40户左右的农户进行调查,且每个乡镇的样本选取尽量集中在一个村。

通过上述方法,我们最终获得农户样本数江苏196份、河南206份、甘肃206份。获得农村信用社样本数江苏、河南以及甘肃各5份。其中,农村信用社的数据由各乡镇农村信用社相关工作人员估计所得,虽然存在偏误,但研究结果至少可以在一定程度上反映一些问题和趋势。具体样本分布如表3-1所示。

表3-1 农户样本分布情况

江苏泗洪		河南淮阳		甘肃陇南	
调查乡镇	样本数量	调查乡镇	样本数量	调查乡镇	样本数量
孙园	41	城关	42	城郊	40
陈圩	41	安岭	39	东江	40
梅花	34	郑集	43	马街	40
瑶沟	40	白楼	42	柏林	43
石集	40	王店	40	安化	43
合计	196	合计	206	合计	206

资料来源:根据调查数据整理所得。

三、调查方式

在设计问卷后,我们进行了预调查,并对问卷进行了反复的修改。考虑到农户对于一些涉及收入、资金等的问题都感到很戒备、很顾虑的情况,我们在开展调查前先联系好乡镇或是村组中比较有权威的村民,比如村主任等,由他们带领调研人员做调查,再由调研人员仔细地说明调查者的身份与调查的目的来慢慢消除农户的戒备,以获得农户的配合。这样的方式保证了问卷调查的顺利完成。

在调查时,首先联系农村信用社相关工作人员,以获得农村信用社相关经营信息。再由比较熟悉村组情况的村民带领调查人员到农户家中进行入户访谈，以获取农户数据；为了克服访谈中由于调查人员语言表达、态度等对农户回答问题的影响，我们提前对调查人员进行了培训。最后在回收问卷时仔细地检查了每个调查人员的问卷，并对问卷上存在的问题进行及时沟通，尽量减少调查的偏误。

第二节　样本概况

一、样本乡镇基本情况

在各个样本地区中，江苏泗洪的农业人口密度分布在268.29～917.55人/平方千米；泗洪经济在三地中相对最发达，它的农村人均纯收入也最高，分布在4700～7362元。河南淮阳的农业人口密度最高，其农业人口密度在最低的城关镇都高达1114.29人/平方千米，最高的郑集为1400人/平方千米；其农村人均纯收入在三地中居中，分布在3200～4300元。甘肃陇南经济相对比较落后，农业人口密度与农村人均纯收入都最小，其中农业人口密度分布在105.16～165.14人/平方千米，农村人均纯收入分布在1500～2700元。值得一提的是，陇南地区的很多土地并不适用于农业，其土地承载量很低。

表3-2　样本乡镇基本情况

地区	乡镇	农业人口数（人）	土地面积（平方千米）	农业人口密度（人/平方千米）	农村人均纯收入（元）
江苏泗洪	孙园	43000	101.00	425.74	6980
	陈圩	31722	57.34	553.26	7362
	梅花	30000	60.00	500.00	6000
	瑶沟	23000	25.07	917.55	5980
	石集	22000	82.00	268.29	4700
河南淮阳	城关	39000	35.00	1114.29	4300
	安岭	80253	61.33	1308.47	3200
	郑集	84000	60.00	1400.00	3279
	白楼	58500	44.67	1309.70	4173
	王店	70194	54.00	1299.89	4120

续表

地区	乡镇	农业人口数（人）	土地面积（平方千米）	农业人口密度（人/平方千米）	农村人均纯收入（元）
甘肃陇南	城郊	17544	119.61	146.67	2250
	东江	22475	150.84	149.00	2700
	马街	26677	161.54	165.14	2260
	柏林	10451	99.38	105.16	1500
	安化	16850	114.90	146.65	1920

资料来源：根据调查数据整理所得。

二、样本农户基本情况

从调查农户家庭生产决策者的性别看，江苏地区72.96%的决策者为男性，河南地区为74.27%，甘肃地区为78.16%，样本总体为75.16%。从生产决策者的年龄分布来看，样本中江苏地区生产决策者的平均年龄为45.17岁，主要分布在40～59岁，其中，40～49岁者占比42.86%，50～59岁者占比29.08%。河南地区平均年龄为48.45岁，主要分布在40岁以上，其中，40～49岁、50～59岁与大于等于60岁的样本农户占比分别为24.76%、26.70%与24.27%。甘肃地区的样本农户相对其他两地样本农户较年轻，其平均年龄为39.74岁，主要分布在30～49岁，其中30～39岁占比28.16%，40～49岁占比42.23%。整个样本农户生产决策者的平均年龄为44.44岁。

表3-3　生产决策者的年龄分布与均值　　　　　　单位:%，岁

	小于30	30～39	40～49	50～59	60及以上	Mean (Std. Dev.)
江苏	7.65	15.31	42.86	29.08	5.10	45.17 (9.99)
河南	13.11	11.17	24.76	26.70	24.27	48.45 (13.23)
甘肃	15.05	28.16	42.23	11.65	2.91	39.74 (9.72)
总体	12.01	18.26	36.51	22.37	10.86	44.44 (11.67)

资料来源：根据调查数据整理所得。

从农户家庭决策者的受教育程度来看，样本总体没有受到过任何教育的农户占比为11.35%，江苏、河南和甘肃分别为12.76%、11.17%和10.19%。受教育1～6年的农户在江苏、河南与甘肃三地的比例分别为34.69%、33.98%与

25.73%。受教育 7~9 年的农户在三地的占比分别为 40.31%、42.72% 与 50%。受教育 10~12 年的占比分别为 11.73%、11.17% 和 11.17%。样本总体受教育大于等于 13 年的农户只占 1.48%。

表 3-4　生产决策者的受教育程度分布　　　　　　单位:%

	0 年	1~6 年	7~9 年	10~12 年	13 年及以上
江苏	12.76	34.69	40.31	11.73	0.51
河南	11.17	33.98	42.72	11.17	0.97
甘肃	10.19	25.73	50.00	11.17	2.91
总体	11.35	31.41	44.41	11.35	1.48

资料来源:根据调查数据整理所得。

考察农户家庭规模分布情况,总体样本中有 73.35% 的农户家庭规模为 4~6 人,这类家庭通常有老人或是小孩。其中江苏地区家庭规模是 4 人、5 人与 6 人的比例分别为 28.06%、26.53% 与 20.92%。河南地区分别为 24.27%、18.45% 和 21.36%。甘肃地区分别为 37.86%、27.18% 和 15.53%。三地样本农户在家庭规模上没有明显差别。

表 3-5　农户家庭规模分布与均值　　　　　　单位:%,人

	小于 3	3	4	5	6	7	大于 7	Mean (Std. Dev.)
江苏	2.04	6.63	28.06	26.53	20.92	8.16	7.65	5.23 (1.71)
河南	9.22	4.85	24.27	18.45	21.36	9.22	12.62	5.29 (2.01)
甘肃	1.46	9.71	37.86	27.18	15.53	3.88	4.37	4.78 (1.35)
总体	4.28	7.07	30.10	24.01	19.24	7.07	8.22	5.1 (1.72)

资料来源:根据调查数据整理所得。

在农户家庭赡养人数方面,三地也没有特别明显的差异。总体上看,没有赡养人数的农户家庭占比为 23.03%,需赡养 1~2 人的家庭占 59.71%,需赡养 3 人以上的负担较重的家庭占 17.27%,样本农户每户平均赡养人数为 1.60 人。在没有赡养人数的家庭中,河南地区的比例略高于其他两地。在需赡养的人数为 1 人的家庭中,江苏地区的比例较高。在需赡养的人数为 2 人的比例中河南与甘肃的比例均高于江苏。对于需赡养 3 人及以上的家庭,江苏地区的负

担要重于另外两地。

表 3-6 农户家庭赡养人数分布与均值　　　　单位：%，人

	0	1	2	3	4 及以上	Mean (Std. Dev.)
江苏	22.45	28.06	29.08	11.22	9.18	1.60 (1.30)
河南	28.64	16.99	40.29	8.25	5.83	1.50 (1.29)
甘肃	17.96	20.87	43.69	9.22	8.25	1.71 (1.18)
总体	23.03	21.88	37.83	9.54	7.73	1.60 (1.26)

资料来源：根据调查数据整理所得。

表3-6虽然比较清楚地列明了各地的农户家庭需要赡养的人数，但是这样的绝对值却并不是一个衡量农户家庭负担大小的较好的指标。表3-7中的负担系数指农户家庭内正在上学的子女数与无法正常参加劳动的人数之和与正常劳动的人数的比值，我们用负担系数来比较农户家庭的负担，当然，其中负担系数为0的各地农户家庭占比与表3-6中需赡养人数为0的农户家庭占比一致。负担系数为0.1～0.5的农户家庭的比例在江苏、河南和甘肃分别为40.82%、36.41%和29.61%，其中，江苏地区最高；负担系数为0.6～1的农户家庭比例在甘肃为37.86%，要远高于其他两地；当负担系数大于等于1.1时，三地农户占比分别为12.75%、9.71%和14.57%，仍以甘肃地区为最。也就是说，甘肃地区的单位劳动力的负担要重于江苏和河南地区。

表 3-7 农户家庭负担系数分布与均值　　　　单位：%，人

	0	0.1～0.5	0.6～1	1.1～2	大于2	Mean (Std. Dev.)
江苏	22.45	40.82	23.98	10.20	2.55	0.60 (0.66)
河南	28.64	36.41	25.24	8.74	0.97	0.53 (0.54)
甘肃	17.96	29.61	37.86	12.14	2.43	0.73 (0.64)
总体	23.03	35.53	29.11	10.36	1.97	0.62 (0.62)

资料来源：根据调查数据整理所得。

对于农户家庭土地面积，江苏地区的农户家庭土地面积主要分布在4.1～20亩的面积区间，没有种地的农户占比为9.18%，土地面积标准差相比其他两地要高很多，为46.22。河南地区主要分布在1.1～10亩，种地面积为0的农户占比为4.37%，具有20亩以上的土地的家庭的占比为0。而甘肃主要分

布在 0~3 亩，拥有 10 亩以上的土地的家庭比例为 0。江苏地区样本农户的土地面积的标准差远高于其他两地，这可能是由于江苏地区有一些种地大户，他们租种集体或是其他农户的土地，虽然样本中种 20 亩以上的土地的农户仅占 3.06%，但是有的农户租种的土地面积规模高达几百亩。而甘肃地区虽然地广人稀，但是真正可用的土地并不多，也因此当地农户家庭土地面积普遍较少，0.1~1 亩的农户占比为 27.67%，1.1~2 亩的农户占比为 23.30%，2.1~3 亩的农户占比为 15.05%。

表 3-8　农户家庭土地面积分布与均值　　　　　　单位:%

	0 亩	0.1~1 亩	1.1~2 亩	2.1~3 亩	3.1~4 亩	4.1~6 亩	6.1~8 亩	8.1~10 亩	10.1~20 亩	20 亩以上	Mean (Std. Dev.)
江苏	9.18	1.53	0.51	4.08	3.57	12.24	18.37	21.43	26.02	3.06	13.78（46.22）
河南	4.37	2.91	9.71	18.45	13.59	22.82	13.59	12.62	1.94	0.00	4.97（2.99）
甘肃	14.08	27.67	23.30	15.05	7.28	8.25	2.43	1.94	0.00	0.00	2.15（2.08）
总体	9.21	10.86	11.35	12.66	8.22	14.47	11.35	11.84	9.05	0.99	6.86（26.74）

资料来源：根据调查数据整理所得。

分析各地农户人均年收入分布情况，江苏地区 90.31% 的农户的人均年收入都在 3000 元以上，其中 38.27% 的农户分布在 3001~6000 元的收入分布段，31.12% 的农户分布在 6001~10000 元的收入分布段，20.92% 的农户人均年收入已高达 10000 元。河南地区 35.92% 的样本农户人均年收入在 3000 元以下，38.34% 的样本农户人均年收入在 3001~6000 元，只有 10.19% 的样本农户人均年收入达到 10000 元以上。甘肃地区 31.56% 的样本农户人均年收入在 3000 元以下，31.07% 的样本农户人均年收入在 3001~6000 元，22.82% 的样本农户人均年收入在 10000 元以上。甘肃地区农户人均年收入在 10000 元以上的比例高于其他两地，这可能是所调查的甘肃陇南武都是花椒之乡，部分农户从事收购贩卖花椒的行业，因此有可能其人均年收入在 10000 元以上的比例高于江苏与河南。

表 3-9　农户人均年收入分布　　　　　　单位:%

	≤1000 元	1001~2000 元	2001~3000 元	3001~4000 元	4001~5000 元	5001~6000 元	6001~10000 元	10000 元以上
江苏	0.51	2.04	7.14	13.27	14.29	10.71	31.12	20.92

续表

	≤1000元	1001~2000元	2001~3000元	3001~4000元	4001~5000元	5001~6000元	6001~10000元	10000元以上
河南	3.88	15.05	16.99	12.62	15.53	10.19	15.53	10.19
甘肃	1.94	11.17	18.45	11.65	10.68	8.74	14.56	22.82
总体	2.14	9.54	14.31	12.50	13.49	9.87	20.23	17.93

资料来源：根据调查数据整理所得。

对于农户非农收入比例分布状况，江苏地区非农收入比例分布于0.41~0.6、0.61~0.8与0.81~1这三个阶段的农户数量分别为19.39%、36.73%与29.59%，河南地区为14.56%、30.10%与44.17%，甘肃地区为10.19%、16.02%与66.02%。甘肃地区有超过一半的样本农户分布于0.81~1，这可能是由于甘肃陇南人均耕地面积较小，很多农户外出务工，所以当地农户家庭更多地依赖非农收入。而江苏地区农业发达，只有29.59%的农户分布于0.81~1，农业收入仍然是当地农户家庭的主要收入来源之一。

表3-10　农户家庭非农收入比例分布与均值　　　　单位:%

	0	0.01~0.4	0.41~0.6	0.61~0.8	0.81~1	Mean (Std. Dev.)
江苏	3.06	11.22	19.39	36.73	29.59	0.67 (0.24)
河南	6.31	4.85	14.56	30.10	44.17	0.71 (0.25)
甘肃	1.46	6.31	10.19	16.02	66.02	0.81 (0.22)
总体	3.62	7.40	14.64	27.47	46.88	0.73 (0.24)

资料来源：根据调查数据整理所得。

对于农户家庭房产折价，江苏地区样本农户房产折价主要分布在2万~50万元，其中具有2万~5万元与5万~10万元的农户比例分别为28.06%与23.98%，具有10万~20万元与20万~50万元的农户比例分别为16.33%与17.86%。河南地区样本农户的房产折价主要分布在2万~20万元，其中各阶段占比分别为30.58%、29.61%与24.27%。而甘肃地区主要位于5万~50万元，其中5万~10万元占比为22.82%，10万~20万元占比为39.32%，20万~50万元占比为19.42%。具有大于50万元的房产价值的农户数在江苏最多，为4.59%；河南最少，为0.97%。

第三章 调查设计与样本概况

表3-11 农户家庭房产折价分布　　　单位:%，万元

	≤2	2~5	5~10	10~20	20~50	>50
江苏	9.18	28.06	23.98	16.33	17.86	4.59
河南	11.17	30.58	29.61	24.27	3.40	0.97
甘肃	4.85	9.71	22.82	39.32	19.42	3.88
总体	8.39	22.70	25.49	26.81	13.49	3.13

资料来源：根据调查数据整理所得。

对于农户家庭生产性固定资产，江苏地区除了分布于501~1000元与5万元以上的农户数较少外，其他各阶段农户数分布都比较均匀，农户数最多的阶段是2001~5000元，占比为29.08%。河南与甘肃地区在小于等于500元阶段的农户数占比分别为40.78%与51.94%，这表明两地主要以小农生产为主。

表3-12 农户家庭的生产性固定资产折价的分布　　　单位:%、元

	≤500	501~1000	1001~2000	2001~5000	5001~10000	1万~2万	2万~5万	5万~10万	10万以上
江苏	12.76	3.57	12.24	29.08	14.80	12.76	9.69	2.04	3.06
河南	40.78	11.17	9.71	16.50	8.74	5.34	5.34	2.43	0.00
甘肃	51.94	8.74	2.43	9.71	8.74	9.22	6.80	1.46	0.97
总体	35.53	7.89	8.06	18.26	10.69	9.05	7.24	1.97	1.32

资料来源：根据调查数据整理所得。

在农户家庭年生产总投入上，在小于等于1000元的生产投入阶段，江苏地区的农户占比较少，为8.67%，河南地区在该阶段的农户占比大约为江苏的3倍，甘肃地区相当于江苏的5倍，这表明具有这种投入少、规模小的小农生产方式的农户在河南与甘肃地区远高于江苏，甘肃地区尤其如此。在1001~2000元的阶段，河南与甘肃地区的农户比例仍远高于江苏。而在2001~5000元与5001~10000元的投入阶段，河南与甘肃的农户占比却低于江苏地区，在前一阶段河南与江苏差距不太大，而到后一阶段时，两者却远低于江苏。当生产性投入大于1万元时，三者的比例相差不大。

表3-13　农户家庭年生产总投入的分布　　　　　　　　单位:%，元

	≤1000	1001~2000	2001~5000	5001~10000	1万~2万	2万~5万	5万~10万	10万~20万	>20万
江苏	8.67	7.65	48.47	18.88	8.16	4.08	2.04	0.51	1.53
河南	23.79	24.76	33.01	3.40	6.31	4.37	2.43	0.97	0.97
甘肃	41.75	17.96	8.25	6.31	8.25	10.19	2.43	2.91	1.94
总体	25.00	16.94	29.61	9.38	7.57	6.25	2.30	1.48	1.48

资料来源：根据调查数据整理所得。

从样本农户居住地与乡镇农村信用社的距离看，江苏、河南与甘肃分别有56.63%、39.81%和61.66%样本农户居住在乡镇农村信用社3里以内，有42.85%、56.31%与28.15%的样本农户居住于距离乡镇农村信用社3.1~9里的范围内，有0.51%、3.88%和10.19%的样本农户居住于距离乡镇农村信用社9里以外。也就是说，江苏地区的样本农户主要是在乡镇上或是3~9里的乡镇附近；河南地区的样本农户主要集中在3~9里的乡镇附近，其次是乡镇上的农户；而甘肃地区虽然绝大多数农民居住在乡镇上或3~9里的乡镇附近，但是仍有不少样本农户居住在9里以外的地方。

表3-14　农户居住地与乡镇农村信用社的距离的分布　　　单位:%，里

	≤1	1.1~2	2.1~3	3.1~6	6.1~9	>9	Mean (Std. Dev.)
江苏	27.55	16.84	12.24	32.65	10.20	0.51	3.43 (2.41)
河南	9.71	12.14	17.96	27.67	28.64	3.88	4.89 (2.75)
甘肃	36.41	17.48	7.77	19.90	8.25	10.19	3.99 (4.66)
总体	24.51	15.46	12.66	26.64	15.79	4.93	4.11 (3.48)

资料来源：根据调查数据整理所得。

三、农户借贷需求特点①

（一）农户借贷需求识别

经济学中的需求指消费者既有购买欲望又有购买能力的有效需求。因此，在对农户借贷需求进行识别时，可以借鉴刘西川（2008）对具有有效正规借贷需求

---

① 为了更好地观察样本农户借贷特征，本部分内容所采用的数据涵盖了农户从2008年初至问卷调查2010年8月期间所发生的所有借贷行为。

的农户的定义：一是向正规金融机构申请过贷款的农户，无论是否申请到；二是除价格和有正规金融机构超期贷款以外的原因而向其他渠道借贷的农户，比如与信贷员不熟、太麻烦等，这类农户是潜在的具有有效正规借贷需求的农户。根据这样的识别方法，我们从江苏、河南和甘肃三地的样本总体中识别出具有有效正规借贷需求的样本农户数分别为 99 户、28 户和 61 户。对于农户非正规借贷需求，采用类似的方法，识别出具有有效非正规借贷需求的样本农户数分别为 25 户、55 户和 37 户。

表 3-15 农户借贷渠道分类

	总户数	向正规机构申请贷款者		向非正规渠道借款者		没有任何借款者	
	（户）	户数（户）	笔数（笔）	户数（户）	笔数（笔）	户数（户）	占比（%）
江苏	196	99	168	25	31	77	39.29
河南	206	28	31	55	83	123	59.71
甘肃	206	61	88	37	53	115	55.83
总体	608	188	287	117	167	315	51.81

资料来源：根据调查数据整理所得。

（二）借贷渠道

各地农户借贷渠道均趋于多元化，我们将农户借贷渠道分为正规渠道与非正规渠道，前者主要包括农村信用社与银行等其他正规金融机构，后者如亲戚朋友、民间金融组织等。在表 3-15 中，江苏地区样本农户向正规机构申请贷款者有 99 户，占江苏样本农户总数的 50.51%，从 2008 年至 2010 年 8 月期间共发生贷款申请数 168 笔，占江苏样本农户总笔数的 84.42%；向非正规渠道借款者户数仅占总户数的 12.76%，至 2010 年 8 月问卷调查时为止其笔数仅占总笔数的 15.58%；其他没有任何借款者户数占总户数的 39.29%。无论从户数比例还是从贷款申请笔数上看，江苏地区有资金需求的农户主要通过正规渠道获取贷款。

在河南地区，向正规渠道申请贷款的农户数仅 28 户，占该地区样本总户数的 13.59%，从 2008 年至 2010 年 8 月问卷调查时共发生申请笔数 31 笔，占总笔数的比例为 27.19%；向非正规渠道借款的农户数共 55 户，占比为 26.70%，其笔数占比为 72.81%；没有任何借贷需求的农户占河南地区样本农户数的 59.71%。河南淮阳是一个传统农业区，小农居多，自给自足，所以没有任何借贷需求的农户占比超过一半；即便有借贷需求，他们也更多地选择非正规渠道借款。

在甘肃地区，向正规渠道申请贷款的农户数为61户，占该地区样本农户数的29.61%，从2008年至2010年8月调查时为止共发生申请笔数88笔，占该地区总笔数的62.41%；向非正规渠道借款的农户户数为37户，占比为17.96%，其笔数占比为37.59%；没有任何借款者的比例为55.83%。甘肃地区与河南一样，有超过半数的农户没有任何资金需求，这部分农户都能自给自足。与江苏地区一样，甘肃有资金需求的农户更倾向于通过正规渠道获取资金。

（三）借贷规模

随着农业产业化程度的提高及其经营规模的扩大，农户借贷资金规模逐步增大。从调查数据来看，现阶段农村正规金融机构提供的信贷产品难以满足农户的实际借贷需求。在江苏地区，农户正规借贷需求总金额为925.95万元，平均额度为5.51万元/笔，农户实际获得总金额为677.45万元，其实际平均额度为4.03万元/笔；该地区农户非正规借贷需求总金额为61.05万元，资金需求平均额度为1.97万元，实际获得资金59.55万元，其平均额度为1.92万元/笔。可见在江苏地区，农户正规渠道借贷需求平均额度与非正规渠道需求平均额度差别较大，也就是说，农户在资金需求量较大时一般考虑到正规金融机构申请贷款，而在资金需求较小时更倾向于向非正规渠道借款。河南及甘肃农户正规渠道借贷需求平均额度与非正规渠道平均额度的差别没有江苏地区那么明显，但两者正规渠道借贷需求平均额度明显小于江苏地区，而对非正规渠道借贷需求平均额度则高于江苏地区。

表3-16 分渠道农户借贷规模 单位：元

	正规渠道				非正规渠道			
	需求总金额 A	A/笔数	实际获得总金额 B	B/笔数	需求总金额 C	C/笔数	实际获得总金额 D	D/笔数
江苏	9259500	55116.07	6774507	40324.45	610500	19693.55	595500	19209.68
河南	1138000	36709.68	857000	27645.16	2214300	26678.31	2179300	26256.63
甘肃	4506000	51204.55	3235250	36764.20	2152000	40603.77	1552500	29292.45

资料来源：根据调查数据整理所得。

（四）借贷用途

现有研究通常认为发展中国家农户贷款需求以生产性为主（李春，2005；黄祖辉等，2007）。将农户借贷的最终用途分为生产性、消费性和其他，与已有研究一致，无论在江苏、河南还是甘肃，在正规渠道申请贷款的农户大多数都是将贷款资金用于生产性,其中用于生产性的借贷笔数江苏占比 81.55%、河南占比 70.97% 以及甘肃占比 75.00%;三地的消费性借贷笔数只占很小的一部分。在非正规借贷中,江苏地区的生产性借贷与消费性借贷笔数比例分别为 48.39% 与 51.61%,河南地区分别为 51.81% 与 44.58%,甘肃地区分别为 60.38% 与 39.62%。在已有关于民间借贷的研究中,在非正规借贷用于消费性农户的比例要高于生产性,而在调查样本中,甘肃地区将非正规借贷用于生产性的借贷笔数比例明显高于用于消费性的比例,这从侧面反映了甘肃地区生产资金的稀缺,该地农户可能从正规渠道借贷生产性资金借而不得,转向非正规渠道。

表 3-17　分渠道农户借贷最终用途　　　　　　　单位:笔,%

	正规渠道						非正规渠道					
	生产性		消费性		其他		生产性		消费性		其他	
	笔数	占比	笔数	占比	笔数	占比	笔数	占比	笔数	占比	笔数	占比
江苏	137	81.55	26	15.48	5	2.98	15	48.39	16	51.61	0	0
河南	22	70.97	7	22.58	2	6.45	43	51.81	37	44.58	3	3.61
甘肃	66	75.00	19	21.59	3	3.41	32	60.38	21	39.62	0	0
总体	225	78.40	52	18.12	10	3.48	90	53.89	74	44.31	3	1.80

注:农户借贷的生产性主要指将借贷资金用于种植业、养殖业或是非农生产等,如购买农用机械、化肥、种子与农药等;农户借贷的消费性主要指将借贷资金用于食品消费、其他消费品、教育、医疗、住房与婚嫁等支出;其他是除了生产性与消费性以外的资金用途。

资料来源:根据调查数据整理所得。

(五) 借贷需求满足程度

现阶段我国农户有效借贷需求并未得到满足,农户借贷难的问题仍然存在(吴典军和张晓涛,2008)。从农户资金需求满足程度上看,江苏、河南与甘肃地区农村正规金融机构农户资金需求满足程度分别为 73.16%、75.31% 与 71.80%,总体上各地差别不大。三地非正规渠道农户资金需求满足程度分别为 97.54%、98.42% 与 72.14%,甘肃地区明显低于其他两地。这有可能是因为总体上甘肃地区农户对资金需求比其他两地更强烈,同时该地区的资金供给也可能更紧张,而河南与江苏两地情况相仿。

表3-18 分渠道农户借贷需求满足程度　　　　　单位：元,%

	正规渠道			非正规渠道		
	资金总需求	实际获得资金	满足程度	资金总需求	实际获得资金	满足程度
江苏	9259500	6774507	73.16	610500	595500	97.54
河南	1138000	857000	75.31	2214300	2179300	98.42
甘肃	4506000	3235250	71.80	2152000	1552500	72.14

资料来源：根据调查数据整理所得。

描述各地农户向各渠道借贷但未完全满足的笔数比例，无论是向正规渠道申请贷款还是向非正规渠道借款，农户借贷未完全满足笔数占比都是以甘肃地区为最高，而且显著地高于其余两地，河南地区略低于江苏（见表3-19）。无论是江苏还是河南与甘肃，对比表3-19中向正规渠道与非正规渠道借贷的未完全满足笔数占比均高于表3-18中相应的未完全满足金额占比。也就是说，各地向正规渠道与非正规渠道借贷的未完全满足笔数占比均高于其未完全满足金额占比，表明各地正规渠道与非正规渠道均是资金需求额度较大的农户占据了较多的资金，挤兑了资金需求额度较小的农户。可见，无论是借贷规模还是笔数，各地均有不少农户只能获得部分资金或无法获得资金，且甘肃陇南地区农户在正规渠道与非正规渠道上的资金满足程度都低于江苏泗洪与河南淮阳。另外，各地农户向正规渠道申请贷款的满足程度都远低于非正规渠道，这可能是由于现阶段我国农村正规金融机构的风险管理机制还不够完善，因而正规金融机构会根据农户实际的抵押担保品或农户的信用额度来发放相应的贷款，而实际上部分农户没有足额的抵押担保品，这可能使农户实际得到的贷款要低于申请额。而农户向非正规渠道借款则不需要抵押担保，亲戚朋友之间具有道德约束，所以非正规渠道的借款可得性高于正规渠道。

表3-19 分渠道农户借贷未完全满足的笔数　　　　　单位：笔,%

	向正规渠道申请贷款者			向非正规渠道借款者		
	总笔数	未完全满足笔数	未完全满足笔数占比	总笔数	未完全满足笔数	未完全满足笔数占比
江苏	168	63	37.50	31	4	12.90
河南	31	10	32.26	83	6	7.23
甘肃	88	43	48.86	53	21	39.62
总体	287	116	40.42	167	31	18.56

资料来源：根据调查数据整理所得。

(六) 资金缺口解决方法

当农户的资金需求并未得到完全满足时，向正规渠道申请贷款未完全满足的农户中有 55.17% 的农户选择"找其他亲戚朋友借"，31.03% 的农户认为"没有办法"，10.34% 的农户选择"其他办法"。向非正规渠道借款未完全满足的农户有 67.74% 的农户选择"没有办法"，其次 29.03% 的农户选择"找其他亲戚朋友借"。无论是正规渠道还是非正规渠道，都有很大一部分的农户在资金需求没有完全满足的情况下很无奈地选择"没有办法"。在正规渠道贷款需求未完全满足的农户中尚有超过一半的农户可以考虑向非正规渠道借款，但如果非正规渠道仍然无法完全满足他们的资金需求又该如何。如果在向非正规渠道借款没有获得完全满足，这类农户再选择其他正规机构申请贷款以获得资金的可能性几乎为 0，很大部分的农户对此"没有办法"。而当转向"其他亲戚朋友借"仍然无法完全满足其需求时也只能继续选择"没有办法"。

表 3-20 分渠道农户资金需求未完全满足的解决办法　　单位：笔,%

	向正规渠道申请贷款未完全满足者		向非正规渠道借款未完全满足者	
	笔数	占比	笔数	占比
找农村信用社借	—	—	0	0
银行等其他正规金融机构	—	—	0	0
其他民间金融机构去贷款	4	3.45	0	0.00
找其他亲戚朋友借	64	55.17	9	29.03
其他办法（如变卖家中物品、粮食等）	12	10.34	1	3.23
没有办法	36	31.03	21	67.74
总体	116	100	31	100

资料来源：根据调查数据整理所得。

四、农信社基本经营情况

对于乡镇一级农村信用社 2009 年的基本经营情况，在贷款总规模上，江苏地区 5 个乡镇农村信用社的平均贷款总规模及其标准差都最大，分别为 11472 万元和 48.82，河南分别为 4816 万元和 16.31，甘肃分别为 2005 万元和 2.47，甘肃的样本信用社的平均贷款总规模只有江苏的五分之一。江苏地区乡镇农村信用社的平均固定成本也最高，为 212.6 万元，河南与甘肃分别为 128 万元和 33.48 万元。在贷款笔数上，江苏、河南与甘肃地区乡镇一级农村信用社的平均贷款总笔数分别为 1979.20 笔、1486.60 笔和 703.80 笔，三地农户贷款总笔数分别为 1843.40 笔、1372.40 笔和 396.20 笔。此外，在贷款平均额度上，农户贷款平均额度最高的是江苏地区为 3.09 万元，河南为 2.43 万元，甘肃为 1.56 万元，甘肃地区农户贷款平均额度约为江苏地区的一半；除农户贷款以外，其他贷款平均额度仍然是江苏地区最高，为 53.88 万元，河南地区为 17.79 万元，甘肃地区只有 4.37 万元。对于贷款利率，现行农户贷款年利率最高的为甘肃，其次是江苏与河南；其他贷款年利率最高的为河南，其次是甘肃与江苏。

表 3-21　乡镇农村信用社 2009 年的基本经营信息

	江苏		河南		甘肃	
	Mean	Std. Dev.	Mean	Std. Dev.	Mean	Std. Dev.
贷款总规模（百万元）	114.72	48.82	48.16	16.31	20.05	2.47
固定成本（万元）	212.60	21.40	128.00	80.94	33.48	6.78
贷款总笔数（笔）	1979.20	298.31	1486.60	407.35	703.80	431.46
农户贷款总笔数（笔）	1843.40	336.39	1372.40	306.03	396.20	420.55
农户贷款平均额度（元）	30860.00	3728.00	24347.60	2365.86	15580.00	5805.34
其他贷款平均额度（元）	538800.0	354848.1	177878.0	182867.2	43680.0	11883.9
现行农户贷款年利率（%）	10.41	0.00	9.65	0.00	10.48	0.00
现行其他贷款年利率（%）	8.49	0.20	9.21	0.00	8.64	0.00

资料来源：根据调查数据整理所得。

第四章 农户正规借贷需求及其可得性的影响因素分析[①]

第一节 研究背景及文献回顾

2004~2011年,连续八年中央"一号文件"都对发展农村金融做出了明确批示:推进、加快农村金融体制的改革与创新,增强农村金融的服务能力,提高农村金融的服务质量和水平。然而从各地向农村正规金融机构申请过贷款的农户的正规贷款可获程度上看,仍存在着一定比例的农户其资金需求无法得到完全满足,这种状态的持续存在将有可能影响到整个农村经济的发展。因此,为了增强农村金融的服务水平,以提高农户正规贷款可得性,有必要切实了解农户正规借贷需求及其正规贷款可得性的影响因素。

对于农户借贷需求的研究,在已有相关文献中,部分研究人员采用意愿调查法获取农户借贷需求的信息,如潘海英等(2011)通过调查农户的未来资金借贷意愿考察其借贷需求的影响因素,这种方法没有考察农户的还款能力,因而获得的需求信息并不准确。还有部分研究人员通过考察农户实际的借贷情况来推论其借贷需求,如贺莎莎(2008)以农户的最终借贷情况衡量农户的借贷行为和需求,这种方法没有区分"没有借贷需求的农户"和"有借贷需求但没有贷到的农户",这与现实不符。而且现有部分相关文献没有区分农户的正规借贷需求和非正规借贷需求,而实际上这两者的区别很大,将其混为一体进行研究其结果必然有偏。

对于农户借贷需求影响因素的研究,绝大多数已有文献从户主的个体基

[①] 本章主要内容曾发表于《中国农村经济》2012年第2期。

本特征、家庭基本特征、农户家庭消费生产支出和土地经营规模等方面考察了农户借贷需求的差异，如黎翠梅和陈巧玲（2007）基于湖南省华容县和安乡县农户借贷行为的调查分析结果显示，农户非劳动力人数占家庭人口数的比例、对借贷政策的认知程度、耕地面积、农业生产收入、生产性支出、生活性支出等因素对农户借贷行为的影响较为显著。周宗安（2010）以山东省为例进行的调查结果表明家庭规模、家庭资产总值、负债水平等因素对农户的信贷需求产生了显著影响。虽然，关于农户借贷需求的影响因素的探讨已经很全面了，但现有文献对地区差别的研究不够，不同地区经济发展水平和农业生产方式不同，所以，农户借贷需求也有地区差别，因而不能一概而论。

对于农户贷款可得性的研究，在已有文献中，颜志杰等（2005）通过询问农户"是否获得了贷款"以及"获得贷款的金额"来考察影响农户获得信贷资金的因素。冯旭芳（2007）将农户信贷行为分为"同时有正规借款和非正规借款""只有非正规借款""只有正规借款"和"没有任何借款"四种，并定量分析农户获得信贷支持的决定性因素。褚保金等（2008）将农户的借贷类型分为"同时有正规借贷和非正规借贷""只有非正规借贷""只有正规借贷"和"没有任何借贷"四种，并分析农户获得借贷支持的主要因素。这些研究都是通过考察农户实际获得贷款的情况来分析农户获得贷款支持的影响因素，但是它们都存在将"有借贷需求但没有获得贷款的农户"等同于"没有借贷需求的农户"的问题。另外，已有研究对农户获得贷款情况的分析也过于简单，实际上每个农户实际获得的贷款数量占他们申请的贷款数量的比例是不同的。

对于农户贷款可得性影响因素的研究，颜志杰等（2005）通过对2001年全国范围内的农户抽样调查资料进行分析，结果表明，户主年龄、老人数量、耕地面积、房屋价值、耐用消费品等因素显著影响农户正规贷款的可得性，而户主教育水平、耕地面积、房屋价值等因素则显著影响农户获得正规贷款的规模。冯旭芳（2007）以世界银行某贫困项目监测区为例，对贫困农户借贷特征及其影响因素进行分析，结果显示户主的个体基本特征、家庭基本特征、农户耕地面积、年末住房价值、年末生产性固定资产原值和年末金融资产价值等因素是影响农户获得借贷支持的决定性因素。即大多数文献通常从农户个体基本特征、家庭基本特征、家庭偿债能力和家庭经营土地面积等方面来考察农户正规贷款的可得性，但实际上农户的贷款规模也有可能会影响到农户的贷款可得性，而且各地的金融市场环境不同，农户正规贷款可得性也有地区差别，但现有文献缺乏对其地区差别的考察。

在已有研究的基础上，本章具体考察：①农户正规借贷需求及其主要影响因素；②具有正规借贷需求农户的贷款可得性及其主要制约因素。与已有研究相比较，本章在因变量的设置上存在以下两个特点：第一，以农户是否向农村正规金融机构申请过贷款来判断其是否具有正规借贷需求，判断方法相对准确，而且可以甄别"没有正规借贷需求的农户"和"有正规借贷需求但没有获得贷款的农户"；第二，用具有正规借贷需求的农户从农村正规金融机构实际获得的贷款总量占申请贷款总量的比例来衡量农户正规贷款的可得性，衡量方法更准确。

第二节 数据来源、变量定义及描述性统计

一、数据来源及样本基本情况

本章所用的数据来源于2010年8月笔者对江苏泗洪县、河南淮阳县和甘肃陇南市三地农户贷款的调查。选择该三个地区的理由是因为，上述三个地区分别代表了中国东部、中部以及西北部不同的经济发展水平、人口密度以及农户经营活动性质，具有较大的地域差异。农户正规贷款的期限受农业生产周期的影响，多数贷款以1年为期，因此，为了使分析结果更准确，本章主要采用该次调查中农户2009年的数据来考察其正规借贷需求及其贷款可获性。凡在2009年期间向农村正规金融机构申请过贷款的农户，无论是否申请到，本章都将其视为具有正规借贷需求的农户。在这些问卷中，2009年向农村正规金融机构申请过贷款的样本农户有127个，向其他渠道借款的样本农户有69个，没有任何借贷需求的样本农户有412个。

从被调查的608个样本农户的贷款基本情况来看，2009年向农村正规金融机构申请贷款的农户样本数量共有127个，占总样本数量的20.89%。其中，江苏地区向农村正规金融机构申请贷款的农户样本数量共有65个，占该地区农户总样本数量的33.16%；河南地区向农村正规金融机构申请贷款的农户样本数量及其比例分别为18个和8.74%；甘肃地区分别为44个和21.36%。这表明，各地具有正规借贷需求的农户样本占总体农户样本的比例都不是很高，即各地都只有少数农户会有正规借贷需求。

表 4-1　样本农户借贷需求的基本情况

		有借贷需求		没有借贷需求	合计
		正规借贷需求	非正规借贷需求		
江苏	样本数量（个）	65	20	111	196
	比例（%）	33.16	10.20	56.64	100.00
河南	样本数量（个）	18	29	159	206
	比例（%）	8.74	14.08	77.18	100.00
甘肃	样本数量（个）	44	20	142	206
	比例（%）	21.36	9.71	68.93	100.00

资料来源：根据调查数据整理所得。

在这127个向农村正规金融机构申请过贷款的农户样本中，没有获得任何正规贷款的农户样本共有5个，占向农村正规金融机构申请过贷款的农户总样本的3.94%；获得了部分正规贷款与获得全部正规贷款的农户样本数量分别为41个和81个，两者分别占向农村正规金融机构申请过贷款的农户总样本的32.28%和63.78%。其中，在江苏、河南与甘肃，获得了全部正规贷款的农户样本分别占三地向农村正规金融机构申请过贷款的农户样本的66.15%、61.11%和61.36%，三地只获得了部分正规贷款的农户样本比例分别为32.31%、33.33%和31.82%。这表明，各地仍然存在一定比例的具有正规借贷需求的农户的资金需求无法得到完全满足。

表 4-2　样本农户正规贷款可得性的基本情况

		没有获得正规贷款	获得部分正规贷款	获得全部正规贷款	合计
江苏	样本数量（个）	1	21	43	65
	比例（%）	1.54	32.31	66.15	100.00
河南	样本数量（个）	1	6	11	18
	比例（%）	5.56	33.33	61.11	100.00
甘肃	样本数量（个）	3	14	27	44
	比例（%）	6.82	31.82	61.36	100.00

资料来源：根据调查数据整理所得。

二、变量定义

（一）因变量

（1）农户是否具有正规借贷需求。应用意愿调查法获取农户的正规借贷需求信息，以农户是否向正规金融机构申请过贷款来判断其是否具有正规借贷需求，并采用 Logit 模型来分析农户是否具有正规借贷需求的影响因素。

（2）农户正规贷款可得性。以具有正规借贷需求的 127 个农户从农村正规金融机构实际获得的贷款总量占申请贷款总量的比例来衡量，并采用 Tobit 模型分析农户正规贷款可得性的影响因素①。

（二）自变量

根据已有的相关研究，户主的个体基本特征、家庭基本特征、家庭支出、家庭偿债能力和家庭经营土地规模等因素都可能影响农户的正规借贷需求，而户主的个体基本特征、家庭基本特征、家庭偿债能力、家庭经营土地规模等因素则可能影响农户正规贷款的可得性。特别需要指出的是，对于后者，农户正规贷款申请规模、地区差别也有可能会影响农户正规贷款可得性。

对于各变量的定义与单位，如表4-3所示。

表4-3 变量定义

变量	变量定义
正规借贷需求（EDemand）	农户是否具有正规借贷需求（是 =1；否 =0）
正规贷款可得性（LA）	具有正规借贷需求的农户从农村正规金融机构实际获得的贷款总量占申请贷款总量的比例
户主年龄（Age）	周岁
户主受教育年限（Edu）	年
户主对农村正规金融机构贷款政策的认知程度（Known）	户主对农村正规金融机构的贷款条件与申请程序的了解程度（不太了解 =1；一般 =2；比较了解 =3）
劳动力人数（LN）	有劳动能力并参与劳动的人数（人）
负担系数（DR）	农户家庭内正在上学的子女人数与无法正常参加劳动的人数之和占家庭总人数的比例
家庭社会关系（Relation）	是否有家人、亲戚或关系较好的人在政府部门任职（是 =1；否 =0）
教育支出（Edupay）	是否有小孩正在上学（如中专、大专、大学或其他）需要一次性支付较大笔（3000 元及以上）的学费和书本费（是 =1；否 =0）
医疗支出（Medpay）	是否有家人突然患大病需要住院治疗（是 =1；否 =0）

---

① 如果仅使用具有正规借贷需求的农户样本来直接估计农户正规贷款可得性的影响因素，就排除了部分不具有正规贷款需求的农户样本，这可能会带来选择性偏误（Heckman，1979）。所以尝试使用 Heckman 两步法来修正样本选择性偏误，但结果逆米尔斯比率不显著，因而，对于农户正规贷款可得性的影响因素的考察，以具有正规借贷需求的农户样本为总体样本，并选择 Tobit 模型进行统计分析。

续表

变量	变量定义
生产经营支出（Pinvest）	家庭年生产经营总支出（≤1000元=1；1001~2000元=2；2001~5000元=3；5001~1万元=4；1万~2万元=5；2万~5万元=6；5万~10万元=7；10万~20万元=8；>20万元=9）
家庭房产与耐用消费品总折价（Assets1）	农户对家庭房产与耐用消费品总价值的评估（≤1万元=1；1万~2万元=2；2万~5万元=3；5万~10万元=4；10万~20万元=5；20万~50万元=6；>50万元=7）
家庭生产性固定资产总折价（Assets2）	农户对家庭生产性固定资产总价值的评估（≤500元=1；501~1000元=2；1001~2000元=3；2001~5000元=4；5001~1万元=5；1万~2万元=6；2万~5万元=7；5万~10万元=8；10万~20万元=9；>20万元=10）
总收入（Tincome）	家庭年总收入（万元）
经营规模（Land）	家庭经营土地总面积（亩）
贷款规模（LS）	具有正规借贷需求的农户向农村正规金融机构申请的贷款总量（万元）
地区虚拟变量	三个地区：江苏、河南与甘肃（以江苏为参照组）

资料来源：根据调查数据整理所得。

三、描述性统计

将所有农户样本与具有正规借贷需求的农户样本进行比较，后者的户主受教育年限、对农村信用社贷款政策的认知程度、家庭劳动力人数、家庭社会关系、教育支出、医疗支出、生产经营支出、家庭房产与耐用消费品总折价、家庭生产性固定资产总折价、家庭总收入、家庭经营规模这几个变量的均值都要高于前者，特别是家庭生产经营支出、家庭偿债能力和家庭经营规模这三类指标。这可能是由于家庭生产经营支出和家庭经营规模较大的农户资金需求也较大，同时良好的家庭偿债能力使他们有着能成功获得正规贷款的预期，因而这类农户可能更具有正规借贷需求。如表4-4所示。

表4-4 变量的描述性统计

	所有农户		具有正规借贷需求的农户	
	均值	标准差	均值	标准差
EDemand	0.21	0.41	—	—
LA	—	—	0.78	0.32

续表

	所有农户		具有正规借贷需求的农户	
	均值	标准差	均值	标准差
Age	43.44	11.67	42.73	10.38
Edu	6.68	3.46	7.24	2.77
Known	1.67	0.78	2.31	0.77
LN	3.50	1.63	3.60	1.85
DR	0.62	0.62	0.61	0.58
Relation	0.15	0.36	0.21	0.41
Edupay	0.24	0.43	0.26	0.44
Medpay	0.16	0.37	0.17	0.37
Pinvest	3.02	1.85	4.24	2.05
Assets1	4.23	1.28	4.78	1.29
Assets2	3.35	2.24	4.76	2.42
Tincome	3.81	4.84	6.20	6.92
Land	6.86	26.74	13.90	57.50
LS	—	—	5.21	6.79

资料来源：根据调查数据整理计算所得。

第三节 农户正规借贷需求影响因素分析

该部分采用 Logit 模型对影响农户是否具有正规借贷需求的因素进行考察，模型基本形式如下：

$$p_1 = prob\ (y_1 = 1 \mid x_i) = \frac{1}{1 + e^{(-\beta_1 + \beta_2 x_i)}}$$

式中，p_i（$i = 1, 2, \cdots, n$）为农户具有正规借贷需求的概率，y_i 表示农户是否具有正规借贷需求，x_i 为解释变量，e 为随机误差。农户是否具有正规借贷需求的 Logit 模型估计及检验结果如表 4-5 所示。

表4-5 农户正规借贷需求影响因素的Logit模型回归结果

	系数	标准误	P值
Age	-0.006	0.012	0.633
Edu	0.027	0.037	0.473
Known	1.038	0.154	0.000
LN	0.050	0.092	0.588
DR	-0.144	0.240	0.549
Relation	0.044	0.321	0.892
Edupay	-0.041	0.283	0.886
Medpay	-0.247	0.330	0.453
Pinvest	0.287	0.100	0.004
Assets1	0.231	0.110	0.036
Assets2	0.115	0.072	0.107
Tincome	-0.056	0.031	0.071
Land	0.036	0.027	0.182
Henan	-1.173	0.353	0.001
Gansu	-0.162	0.353	0.647
常数项	-5.333	0.987	0.000
Log likelihood	-226.815		
LR χ^2 (16)	169.540		
Pseudo R^2	0.272		
样本量	608		

从模型的回归结果看，户主对农村正规金融机构贷款政策的认知程度的回归系数为正，且在1%的水平上显著。这表明，农户越了解农村正规金融机构的贷款申请条件与申请程序，越可能有正规借贷需求。这可能是因为，认知程度相对较低的农户可能会比较主观地认为向农村正规金融机构申请贷款必须要相应的抵押、担保或社会关系，所以这类农户中存在部分农户可能会认为以其现阶段的家庭条件即便申请了也贷不到，因而放弃申请，表现在总体上就是农户的认知程度越低就越可能不具有正规借贷需求；反之，农户的认知程度越高，越可能认为其符合农村正规金融机构的贷款申请条件，相应地也越愿意尝试到农村正规金融机构申请贷款。

农户家庭支出中的家庭生产经营支出的回归系数也为正，且在1%的水平上显著，表明家庭年生产经营总支出越高的农户越可能具有正规借贷需求。一般来说,农户家庭生产经营支出越大,农户的资金需求就可能越强烈,同时农户也越可能面临资金问题。因此这类农户也越可能具有正规借贷需求。

农户家庭偿债能力中的家庭房产与耐用消费品总折价对农户正规借贷需求有正向影响,且在5%的置信水平上显著,这可能是因为大多数农户认为农村正规金融机构在发放贷款时会考察农户家庭的实物指标,如抵押物和担保品,而且很多农户主观地认为能较好地衡量实物指标的就是其家庭房产与耐用消费品总折价,但实际上农户的固定资产很难成为有效的抵押品,所以家庭房产与耐用消费品总折价越高的农户越可能主观地认为他们可以相对容易地获得正规贷款,从而这类农户也就越可能去尝试向正规金融机构申请贷款。

另外,在农户家庭偿债能力中,农户家庭总收入对农户正规借贷需求有负向影响,且在10%的置信水平上显著,这可能是因为家庭总收入相对较高的农户有着足够的流动资金,所以其正规借贷需求相对较小。

对于地区虚拟变量,河南地区的回归系数为负,且在1%的水平上显著,表明相对于江苏地区,河南地区的农户其正规借贷需求相对较低。这可能是因为江苏地区经济相对发达,水利资源丰富,农户种植品种多样化,其中有不少经济作物,农业生产投资回报率较高,可以支撑正规贷款的利率;而河南地区农户大多种植粮食作物,其农业生产投资回报率低于江苏,因而其正规借贷需求可能低于江苏。

第四节 农户贷款可得性的影响因素分析

在具有正规借贷需求的农户中,部分农户从农村正规金融机构实际获得的贷款总量等于他们申请的贷款总量,其正规贷款可得性为1;还有部分农户实际获得的贷款总量小于他们申请的贷款总量,其正规贷款可得性介于0~1;当然,也不排除部分农户实际获得的贷款总量为0。这类因变量仍然属于限值因变量,采用 Tobit 模型进行统计分析,其中,左边审查为0,右边审查为1,模型基本形式如下:

$$y_1^* = \gamma x_i + \varepsilon_i, \quad \varepsilon_i \sim N(0, \sigma^2)$$

$$y_i = \begin{cases} \alpha, & y_i^* \leq \alpha \\ y_i^*, & \beta < y_i^* < \alpha \\ \beta, & \beta \leq y_i^* \end{cases}$$

式中,y_i ($i=1, 2, \cdots, n$) 为因变量,即农户正规贷款可得性;y_i^* 是潜在

变量；α 代表右截取点，β 为左截取点，其中，α=1，β=0；x_i 为解释变量，即影响农户正规贷款可得性的主要因素；γ 为回归系数；ε_i 为随机误差。农户正规贷款可得性的 Tobit 模型估计检验结果如表 4-6 所示。

表 4-6 农户贷款可得性影响因素的 Tobit 模型回归结果

	系数	标准误	P 值
Age	-0.002	0.006	0.762
Edu	-0.002	0.024	0.940
Known	0.115	0.087	0.188
LN	0.061	0.047	0.196
DR	0.061	0.147	0.679
Relation	-0.214	0.148	0.150
Assets1	-0.005	0.054	0.930
Assets2	0.079	0.034	0.023
Tincome	0.121	0.034	0.001
Land	-0.004	0.003	0.233
LS	-0.059	0.009	0.000
Henan	-0.139	0.170	0.414
Gansu	-0.089	0.148	0.548
常数项	0.225	0.516	0.664
Log likelihood	-67.651		
LR χ^2 (16)	70.010		
Pseudo R^2	0.341		
样本量	127		

从该模型的检验结果看，在反映农户家庭偿债能力的指标中，农户家庭生产性固定资产折价与家庭总收入的回归系数都为正，且分别在 5% 和 1% 的水平上显著，与预期结果一致，即家庭偿债能力越强的农户越容易获得正规贷款。一般来说，在农户提交贷款申请后，农村正规金融机构会根据农户条件对其进行甄别筛选，比如考察农户家庭的偿债能力等，以此判定是否向该农户发放以及发放多少贷款。而农户家庭生产性固定资产折价以及农户家庭总收入恰好能够综合地反映该农户的家庭经济状况或偿债能力，因此这两个变量对农户正规贷款可得性有显著的正向影响。

贷款规模的回归系数为负，且在 1% 的水平上显著，这表明农户向农村正规金融机构申请的贷款规模越大,其贷款可得性越低,即这类农户实际获得的贷款数量占申请贷款总量的比例越低。这可能是因为农村正规金融机构发放贷款不同于风险投资机制,它首先要求安全性,以回避风险,因此,它在发放贷款时需要考核农户的实物指标,即抵押和担保;虽然小额信贷和农户联保解决了借贷款规模较小的农户的抵押担保问题,但当农户申请的贷款规模大到超出小额信贷和农户联保的范畴时,农村正规金融机构仍然需要考察相应的抵押和担保;而实际上贷款申请规模较大的农户很可能缺乏或者没有等值的抵押和担保,因而这类农户的正规贷款可得性相对较低。

第五节 本章小结

本章对农户正规借贷需求及其贷款可得性的影响因素进行计量分析,研究结果表明:一是农户对农村信用社贷款政策的认知程度、农户家庭生产经营总支出和农户家庭房产与耐用消费品总折价对农户正规借贷需求有正向影响,而农户家庭收入有负向影响;二是河南农户的正规借贷需求显著低于江苏,即不同地区的农户的正规借贷需求不同;三是农户家庭生产性固定资产折价和家庭总收入对农户正规贷款可得性有正向影响,贷款申请规模对农户正规贷款可得性有负向影响。

基于以上结论,要提高农户正规贷款可得性,建议政府部门与相关农村金融机构:首先,在面对不同地区多样化的正规借贷需求和不同的金融约束时,应提供不同的农村金融产品和政策,因地制宜才能更好地提高农村金融服务水平和质量。其次,创新农户贷款担保方式,发展多元化的农户贷款担保体系,并完善农户信用价值评估与贷款担保机制。另外,有正规借贷需求的农户未必都是家庭总收入较高的农户,家庭总收入较高的农户又未必具有正规借贷需求。在实际中,农村正规金融机构总是会首先选择优质的客户来提供贷款以规避风险,比如偿债能力较强、家庭总收入较高的农户;而对于一些有正规借贷需求但家庭总收入一般的农户,农村正规金融机构可能会要求他们支付更高的贷款利率来弥补放贷风险。但政府过去所实行的利率管制政策限制了利率浮动,所以那些家庭总收入一般的农户就可能无法获得足够的正规贷款。因此,积极推动有需求的地区的农户贷款利率市场化改革是有必要的,只有利率政策与农村经济发展阶段相一致才能提高农村金融资源配置的效率并推动农村经济的发展。

第五章　农户贷款支付意愿、可得性及其地区差异[①]

第一节　研究背景及文献回顾

中国一直存在着不同程度的农村金融抑制，整个农村金融市场处于供求非均衡的状态，这种状态的持续存在将有可能会影响整个农村经济的发展。因此，如何实现农村金融市场供求均衡并提高其运行效率就成为一个值得探讨的问题。

为了改善农村金融市场供求非均衡的状态，部分学者从宏观方面进行了考察，其中，有的研究认为其主要原因是农村正规金融机构对农户贷款的资金供给有限（乔海曙，2001）；也有的研究认为，不仅资金供给有限，农户方面也存在融资需求约束（高帆，2002）；尽管二者结论略有差异，但都一致地认为中国农村正规金融机构资金供给不足。还有的研究对资金供给不足的原因进行了考察，结果指出，问题的关键可能是政府过去所实行的受限制的利率政策，该政策扩大贷款需求的同时使供给减少，因此供求不平衡（Cheng E and Xu Z，2004），即政府的利率政策造成了农村金融市场的扭曲。另外，还有不少学者从微观方面对农户借贷需求行为的特征及其影响因素进行考察（史清华和陈凯，2002；周小斌等，2004；李晓明和何宗干，2006），以期为改善农村金融市场非均衡状态和农户贷款可得性提供一些现实依据。这些研究无疑是非常有价值的，它们有助于厘清农村金融市场供求非均衡现状及其原因，并有助于探寻供求均衡的实现机制，但事实上这类研究并不能够完全解析农村金融市场供求非均衡问题，因为它们缺少了对农户实际获得正规贷款基本情况的研究。而在微观研究分析方面，绝大多

[①]　本章主要内容曾发表于《统计与信息论坛》2013年第12期。

数现有文献对于农户借款需求行为的考察,也只是通过直接询问农户"是否需要借款"或是"希望获得多少借款"获取相关信息(熊学萍等,2007;宫建强和张兵,2008),这种方法由于没有考察农户是否有还款能力,因而获得的需求信息具有一定的偏差;还有部分研究考察农户实际借贷情况,通过直接询问农户"是否有正规借款""是否有非正规借款"等问题来获取信息(贺莎莎,2008;潘海英等,2011),没有区分"没有借贷需求的农户"和"有借贷需求但没借到的农户",以此推论农户实际借贷情况,结果并不准确。

因此,在已有研究的基础上,以江苏、河南和甘肃地区农村正规金融机构的农户贷款为例,根据问卷调查数据分析农户正规贷款支付意愿水平、可得性的影响因素及其地区差异,通过分析揭示当前农村金融市场非均衡的原因,提高农户正规贷款可得性。相对已有研究,本章创新之处在于:

(1)采取假想价值评价法,通过问卷调查的方式考察农户正规贷款支付意愿,从农户正规贷款支付意愿水平上区分"有正规借贷需求但没贷到的农户"和"没有正规借贷需求的农户",弥补了已有研究的不足之处。

(2)通过估算农户正规贷款可得性来推论影响农村正规金融机构发放农户贷款的基本情况,即采用具有正规借贷需求农户从农村正规金融机构实际获得的贷款规模及其占申请规模的比例来衡量其可得性,衡量方法更全面、准确。

(3)选择江苏、河南和甘肃作为考察对象,这三个地区分别代表了我国东部、中部以及西北部不同的经济发展水平以及农户经营活动性质,具有较大的地域差异,样本更有代表性。

本部分研究不仅可以探寻现阶段影响农户正规贷款支付意愿水平及其可得性的主要因素,还可以通过分析来揭示农村金融市场供求非均衡的原因,而且为今后政府部门与相关农村金融机构探寻供求均衡的实现机制提供一些政策选择。

第二节 数据来源与变量选择

一、数据来源

数据来源于2010年在江苏泗洪、河南淮阳和甘肃陇南三地的农户调查。由于农户正规贷款的期限受农业生产周期的影响,多数借款以1年为期,有的期限

贷款利率改革、农户正规借贷及其福利效果分析

更长,为了使问卷调查更准确,本章对农户正规贷款申请、发放情况等问题的调查追溯至2008年。虽然本章采用农户2008~2010年的贷款数据进行研究,但目前国内外相关研究很少对农户贷款进行追溯调查,而且本章旨在为探寻农村金融市场供求均衡的实现机制提供微观证据,因此笔者认为该数据仍然具有一定的分析价值。调查最终获得有效问卷608份,其中,江苏、河南与甘肃分别占32.24%、33.88%和33.88%。调查内容主要包括农户正规贷款支付意愿水平、贷款申请发放情况及其个体家庭基本特征等。

二、变量选择

(一)农户正规贷款支付意愿水平

采用支付意愿水平(农户向农村正规金融机构申请贷款时愿意支付的最高月利率)来衡量农户正规借贷需求水平。在问卷调查过程中,先询问农户当他们需要向农村正规金融机构申请贷款时愿意支付的贷款月利率水平;然后,以此为基础询问如果利率比农户刚才回答的增加1个点时,农户是否还愿意贷款,对回答"愿意"的农户重复上面的询问,每次询问的贷款月利率均比上一次增加1个点,直至农户认为利率太高而放弃贷款为止;询问得到的最高利率水平就是农户正规贷款支付意愿水平。

在608个农户样本中,农户正规贷款支付意愿水平为0的样本共320个,占总样本的52.63%,这表明一半以上的农户没有正规借贷需求;农户正规贷款支付意愿水平大于0的农户样本共288个,占总样本的47.37%。对于农户正规贷款支付意愿水平大于0的农户样本,在江苏地区,95%以上的农户的正规贷款支付意愿水平在月利率0.8%及以上,其中甚至有超过10%的农户在月利率1.4%及以上;在河南地区,65%以上的农户的正规贷款支付意愿水平高于0.8%,其中约5%的农户高于1.4%,总体上来看,该地区农户愿意支付的正规贷款利率水平比较集中;在甘肃地区,85%以上的农户正规贷款支付意愿水平大于0.8%。总体上来说,江苏地区的农户正规贷款支付意愿水平要略高于河南与甘肃。

表5-1 农户贷款支付意愿水平

		等于0	0~0.5%	0.5%~1.0%	1.0%~1.5%	1.5%以上
江苏	样本数量(份)	78	1	64	42	11
	样本比例(%)	39.80	0.51	32.65	21.43	5.61
河南	样本数量(份)	127	3	66	7	3
	样本比例(%)	61.65	1.46	32.04	3.40	1.46

第五章　农户贷款支付意愿、可得性及其地区差异

续表

		等于0	0~0.5%	0.5%~1.0%	1.0%~1.5%	1.5%以上
甘肃	样本数量（份）	115	7	37	31	16
	样本比例（%）	55.83	3.40	17.96	15.05	7.77
合计	样本数量（份）	320	11	167	80	30
	样本比例（%）	52.63	1.81	27.47	13.16	4.93

资料来源：根据调查数据整理所得。

（二）农户正规贷款可得性

由于正规贷款支付意愿水平是农户基于以往几年正规贷款供求情况作出的回答，因而不同于上一章对农户贷款可得性的定义，本章采用2008~2010年农户实际获得的正规贷款规模及其占申请规模的比例来衡量农户获得正规贷款的基本情况以及可得性。其中，农户实际获得的正规贷款规模采用2008~2010年农户每年实际获得的正规贷款总量之和，农户实际获得的正规贷款比例采用2008~2010年农户每年实际获得的正规贷款数量之和与每年申请的正规贷款数量之和的比值。对有正规借贷需求的农户来说，实际没有获得任何正规贷款就表示供给方不愿意发放；反之则表示供给方愿意发放，其中，农户正规贷款可得性则表示农村正规金融机构愿意发放贷款的程度。

在表5-2中，三个地区共有85.07%的农户实际获得的正规贷款规模位于0~10万元，其中处于0~5万元的农户比例为70.83%，5万~10万元的农户占14.24%。在江苏地区，农户实际获得的正规贷款规模主要集中在0~10万元，其中0~5万元的农户占该地区样本农户的62.71%，5万~10万元占17.80%；在河南地区，86.08%的农户实际获得的正规贷款位于0~5万元，处于其他正规贷款规模段的样本农户数量均不多；甘肃地区的情况与江苏地区相同，农户实际获得的正规贷款规模主要集中在0~10万元，其中0~5万元的农户占该地区样本农户的68.13%，5万~10万元的占18.68%。

表5-2　农户实际获得的贷款规模　　　　　单位：元

		等于0	0~5万	5万~10万	10万~15万	15万~20万	20万以上
江苏	样本数量（份）	6	74	21	4	6	7
	样本比例（%）	5.08	62.71	17.80	3.39	5.08	5.93
河南	样本数量（份）	3	68	3	1	2	2
	样本比例（%）	3.80	86.08	3.80	1.27	2.53	2.53

续表

		等于0	0~5万	5万~10万	10万~15万	15万~20万	20万以上
甘肃	样本数量（份）	3	62	17	5	0	4
	样本比例（%）	3.30	68.13	18.68	5.49	0.00	4.40
合计	样本数量（份）	12	204	41	10	8	13
	样本比例（%）	4.17	70.83	14.24	3.47	2.78	4.51

资料来源：根据调查数据整理所得。

表5-3中，在288个贷款支付意愿水平大于0的样本中，农户实际获得的贷款比例为0的样本占4.17%，为0~100%的占32.99%，等于100%的占62.85%。江苏地区农户实际获得的贷款比例为0的样本占5.08%，为0~100%和等于100%的样本占比均处于三个地区的中间。河南有84.81%的农户实际获得的贷款规模与其申请规模相等。甘肃实际获得的贷款比例等于0和等于100%的样本比例均低于其他两个地区，其中前者为3.30%，后者为48.35%；该地位于0~100%的样本比例为48.35%，高于江苏与河南。

表5-3 农户实际获得的贷款比例

		等于0	0~100%	等于100%	合计
江苏	样本数量（份）	6	42	70	118
	样本比例（%）	5.08	35.59	59.32	100
河南	样本数量（份）	3	9	67	79
	样本比例（%）	3.80	11.39	84.81	100
甘肃	样本数量（份）	3	44	44	91
	样本比例（%）	3.30	48.35	48.35	100
合计	样本数量（份）	12	95	181	288
	样本比例（%）	4.17	32.99	62.85	100

资料来源：根据调查数据整理所得。

（三）自变量说明

根据已有研究，户主的个体家庭特征、支出、还款能力等因素都有可能会影响农户贷款支付意愿水平及其贷款可得性，自变量说明如表5-4所示。另外，本章还将分析农户贷款支付意愿水平及其贷款可得性的地区差别。

第五章 农户贷款支付意愿、可得性及其地区差异

表5-4 自变量说明

变量名称		变量定义	样本均值（方差）	
			全部	WTP>0
个体特征	性别	户主性别（男=1；女=0）	0.75 (0.43)	0.77 (0.42)
	年龄	户主年龄（周岁）	43.44 (11.67)	44.61 (10.81)
	受教育年限	户主受教育年限（年）	6.68 (3.46)	6.80 (3.37)
	了解程度	户主对农村正规金融机构贷款政策的了解程度（不太了解=1；一般=2；比较了解=3）	1.67 (0.78)	1.98 (0.82)
家庭特征	家庭总人口	家庭总人口数量（人）	5.10 (1.72)	5.20 (1.72)
	负担系数	正在上学的子女人数与无法正常参加劳动的人数之和占家庭总人数的比例	0.62 (0.62)	0.58 (0.56)
	土地规模	家庭经营土地总面积（亩）	6.86 (26.74)	9.29 (38.50)
家庭支出	教育支出	是否有小孩正在上学需要一次性支付较大笔的学费和书本费等（3000元以上）（是=1；否=0）	0.24 (0.43)	0.26 (0.41)
	医疗支出	是否有家人突然患大病需要住院治疗（是=1；否=0）	0.16 (0.37)	0.20 (0.38)
	生产经营支出	家庭年生产经营总支出（≤1000元=1；1001~2000元=2；2001~5000元=3；5001~1万元=4；1万~2万元=5；2万~5万元=6；5万~10万元=7；10万~20万元=8；>20万元=9）	3.02 (1.85)	3.71 (2.02)
家庭还款能力	房产等总折价	农户对家庭房产与耐用消费品总价值的评估（≤1万元=1；1万~2万元=2；2万~5万元=3；5万~10万元=4；10万~20万元=5；20万~50万元=6；>50万元=7）	4.23 (1.28)	4.39 (1.30)
	生产性固定资产总折价	农户对家庭生产性固定资产总价值的评估（≤500元=1；501~1000元=2；1001~2000元=3；2001~5000元=4；5001~1万元=5；1万~2万元=6；2万~5万元=7；5万~10万元=8；10万~20万元=9；>20万元=10）	3.35 (2.24)	4.00 (2.37)
	家庭总收入	农户家庭年总收入（万元）	3.81 (4.84)	5.19 (6.18)

续表

变量名称	变量定义	样本均值（方差）	
		全部	WTP>0
贷款申请规模	农户2008年至问卷调查期间向农村正规金融机构申请的贷款总量（万元）	—	6.88 (9.09)
地区虚拟变量	河南与甘肃（以江苏为参照组）	—	—

资料来源：根据调查数据整理所得。

第三节 农户贷款支付意愿影响因素分析

当被解释变量为截取数据时，虽然有全部的观测数据，但其中部分观测数据的被解释变量 y_i 已被压缩到一个点上了，此时 y_i 的概率分布就变为由一个离散点与一个连续分布所组成的"混合分布"（Heckman，1979）。在所有样本中，存在部分农户的贷款支付意愿水平为0，而其他农户的支付意愿水平为正值，因此，选择截取回归模型分析影响农户贷款支付意愿水平的因素。

在截取回归模型中，假设不可观测的潜变量为：

$$y_i = x'_i \beta + \varepsilon_i, \quad \varepsilon_i \mid x_i \sim N(0, \sigma^2)$$

则可以观测到的变量为：

$$y_i^* = \begin{cases} y_i, & \text{如果 } a < y_i < b \\ a, & \text{如果 } y_i \leq a \\ b, & \text{如果 } y_i \geq b \end{cases}$$

式中，a 为左端截取点，b 为右端截取点。那么，当 $y_i > a$ 时的概率密度为：

$$\frac{1}{\sigma} \phi \left(\frac{y_i - x'_i \beta}{\sigma} \right), \quad \forall y_i > a$$

而 $y_i \leq c$ 时的分布却被挤到点 $y_i^* = a$ 上了，此时的概率分布：

$$P(y_i^* = a \mid x) = 1 - P(y_i > a \mid x) = \phi \left(\frac{a - x'\beta_i}{\sigma} \right)$$

因此，该混合分布的概率密度函数为：

$$f(y_i^* \mid x) = \left[\phi \left(\frac{a - x'_i}{\sigma} \right) \right]^{1(y_i^* = a)} \left[\frac{1}{\sigma} \phi \left(\frac{y_i - x'_i \beta}{\sigma} \right) \right]^{1(y_i^* > a)}$$

式中，如果括号里的表达为真，则取值为1，否则取值为0。由此可以得出样本的似然函数，然后采用 MLE 来进行估计。

截取回归模型估计及检验结果如表 5-5 所示。

表 5-5 截取回归模型估计结果

解释变量	系数	标准差	P 值	95% 置信区间	
				下界	上界
性别	0.072	0.105	0.496	-0.135	0.278
年龄	0.005	0.004	0.295	-0.004	0.013
受教育年限	-0.001	0.013	0.930	-0.027	0.025
了解程度	0.368***	0.059	0.000	0.253	0.483
家庭总人口	0.001	0.025	0.967	-0.049	0.051
负担系数	0.213	0.210	0.311	-0.200	0.627
土地规模	-0.002	0.002	0.313	-0.005	0.001
教育支出	0.107	0.111	0.335	-0.111	0.325
医疗支出	0.236*	0.123	0.057	-0.007	0.478
生产经营支出	0.151***	0.037	0.000	0.078	0.224
房产等总折价	-0.021	0.039	0.580	-0.098	0.055
生产性固定资产总折价	-0.003	0.027	0.910	-0.056	0.050
家庭总收入	0.008	0.012	0.515	-0.015	0.031
河南	-0.339***	0.111	0.002	-0.557	-0.121
甘肃	-0.143	0.116	0.218	-0.370	0.084
常数项	-1.123***	0.322	0.001	-1.756	-0.490
Log likelihood	-584.0903				
LR χ^2 (16)	154.90				
Pseudo R^2	0.1171				
样本量	608				

注：*、**、*** 分别表示变量在 10%、5% 和 1% 的水平上显著。

从模型的回归结果看，户主对农村正规金融机构贷款政策的了解程度的回归系数在 1% 的水平上显著为正，表明越了解贷款政策的农户的贷款支付意愿水平越高。这可能是因为越有贷款需求的农户就越可能主动地了解贷款政策，这类农户也更愿意支付较高的利率水平。

在农户家庭支出中，医疗支出的回归系数在 10% 的水平上显著为正，这表明有较大笔医疗费用支出的农户的贷款支付意愿水平要高于其他农户，这可能是由于较大笔医疗费用支出通常是突发的并带有应急的性质，因此这类农户的贷款支付意愿水平较高。

农户家庭生产经营支出的回归系数在1%的水平上显著为正，即生产经营支出越高的农户的贷款支付意愿水平也越高，这可能是因为，一方面，家庭生产经营支出比较大的农户的资金需求也比较强烈，所以支付意愿水平也相对较高；另一方面，农业生产具有明显的周期性，在整个生产周期中，许多农业生产投入不是一次性的，而是需要定期追加投入直到农产品收获为止，如果在农业生产中缺乏资金，农户就可能因无法进行追加投入而使农业生产亏损，甚至可能连前期投入也一起损失，在这种情况下，农户为避免损失，自然愿意支付较高的利率水平。

对于地区虚拟变量，河南地区的回归系数在1%的水平上显著为负，这表明相对江苏，河南地区的农户贷款支付愿意水平较低。这可能是因为江苏地区经济相对发达，水利资源丰富，农户种植品种多样化，其中有不少经济作物，农业生产投资回报率较高，可以支撑较高的贷款利率；而河南地区农户大多种植粮食作物，其农业生产投资回报率可能低于江苏，因而其贷款支付意愿水平也可能偏低。

第四节　农户贷款可得性影响因素分析

本章采用农户实际获得的贷款规模及其占申请规模的比例来衡量农户贷款可得性。样本农户实际获得的贷款规模是一组离散的数值，因此采用排序数据模型分析影响农户实际获得贷款规模的主要因素。

在排序数据模型中，假设潜变量为：

$$y^* = x'\beta + \varepsilon$$

则被解释变量选择的规则是：

$$y = \begin{cases} 0 & if \quad y^* \leq 0 \\ 1 & if \quad 0 < y^* \leq r_1 \\ 2 & if \quad r_1 < y^* \leq r_2 \\ \vdots & \quad \vdots \\ J & if \quad r_{j-1} \leq y^* \end{cases}$$

式中，$r_1 < r_2 < \cdots < r_{j-1}$，为待估参数，即cutoff points。$y$取每一个值的概率如下：

第五章　农户贷款支付意愿、可得性及其地区差异

$P(y=0|x) = P(y^* \leq 0|x) = P(\varepsilon < -x'\beta|x) = \varphi(-x'\beta)$

同理可以得到：

$P(y=1|x) = \varphi(r_1 - x'\beta) - \varphi(-x'\beta)$

$P(y=2|x) = \varphi(r_2 - x'\beta) - \varphi(r_1 - x'\beta)$

M

$P(y=J|x) = 1 - \varphi(r_{J-1} - x'\beta)$

这就是排序选择模型，若 ε 服从正态分布此模型就是排序 Probit 模型；若 ε 服从逻辑分布，此模型就是排序 Logit 模型。本章采用排序 Probit 模型分析农户实际获得贷款规模的影响因素。

由于农户实际获得的贷款规模占申请规模的比例值介于 0～100%，因此采用截取回归模型对其进行统计分析。排序数据模型与截取回归模型估计检验结果如表 5-6 所示。

表 5-6　排序 Probit 模型估计结果

解释变量	农户实际获得贷款规模的影响因素（排序选择模型）			实际获得规模占申请规模比例的影响因素（截取回归模型）		
	系数	标准差	P值	系数	标准差	P值
性别	-0.620	0.462	0.181	-0.495**	0.202	0.014
年龄	0.006	0.020	0.779	0.001	0.008	0.916
受教育年限	0.014	0.058	0.817	0.020	0.024	0.406
了解程度	0.093	0.248	0.708	0.148	0.103	0.153
家庭总人口	0.139	0.111	0.209	0.043	0.048	0.367
负担系数	-1.267	0.934	0.176	-0.328	0.387	0.397
土地规模	-0.003	0.005	0.622	-0.001	0.003	0.714
教育支出	0.328	0.464	0.481	0.367*	0.203	0.071
医疗支出	-0.129	0.493	0.793	-0.161	0.205	0.431
生产经营支出	-0.051	0.166	0.757	-0.009	0.070	0.898
房产等总折价	0.278*	0.168	0.099	0.124*	0.070	0.076
生产性固定资产总折价	0.091	0.118	0.442	0.031	0.050	0.531
家庭总收入	0.121***	0.046	0.009	0.037*	0.020	0.066
贷款申请规模	0.786***	0.026	0.000	-0.022**	0.010	0.034
河南	0.762	0.486	0.118	-0.683***	0.220	0.002
甘肃	0.022	0.522	0.966	-0.774	0.209	0.721
常数项	-0.374	1.462	0.798			
/cut1				-1.893	0.641	

续表

解释变量	农户实际获得贷款规模的影响因素（排序选择模型）			实际获得规模占申请规模比例的影响因素（截取回归模型）		
	系数	标准差	P值	系数	标准差	P值
/cut2				-0.373	0.630	
Log likelihood	-708.8657			-205.9074		
LR χ² (16)	548.65			43.32		
Pseudo R²	0.2790			0.0952		
样本量	288			288		

注：*、**、***分别表示变量在10%、5%和1%的水平上显著。

从两个模型的检验结果看，户主性别在5%的水平上显著负向地影响着农户实际获得的贷款规模占申请规模的比例，即相比女性，男性实际获得贷款的比例更低，这可能是因为女性相对男性而言具有更高的责任心以及还贷意愿，因而农村正规金融机构更愿意将贷款发放给女性客户。

从家庭支出上看，农户家庭教育支出在10%的水平上显著正向地影响着农户实际获得的贷款规模占申请规模的比例，即有教育支出的家庭实际获得的贷款比例要高于没有教育支出的家庭，这可能是因为农村正规金融机构在对申请贷款的农户进行审查时会认为愿意投资教育的家庭相比没有教育支出的家庭更具有责任感，因而更愿意将贷款发放给有教育支出的农户家庭。

在反映还款能力的指标中，农户家庭房产等总折价以及总收入均显著正向地影响农户实际获得的贷款规模及其占申请规模的比例，这与预期结果一致，即家庭还款能力越强的农户实际获得的贷款规模及其比例都越大。一般来说，在农户提交贷款申请后，农村正规金融机构会对其还款能力等因素进行考察，并据此判定放款量，而这两个变量恰好能够综合地反映农户的家庭经济状况，因而显著正向地影响农户贷款可得性。

另外，农户贷款申请规模在1%的水平上显著正向地影响农户实际获得的贷款规模，在5%的水平上显著负向地影响着农户实际获得的贷款规模占申请规模的比例，这表明贷款申请规模越大的农户实际获得的贷款规模也越大，但实际获得的贷款比例却越低。这可能是因为农户一般根据自己的贷款需求以及家庭经济情况提出贷款申请，所以贷款申请规模较大的农户的家庭经济状况亦相对较好，而这类农户实际获得的贷款规模也相对较大。而贷款申请规模越大的农户实际获得的贷款比例却越小，这可能是由于申请规模相对较小的农户可以申请不需要抵押担保品的农户联保贷款或小额信用贷款，所以实际获得的贷款比例较高；而一旦农户的贷款申请规模超过农村正规金融机构设定的农户联保或小额信贷的最高放贷额度,农户就需要提供与贷款申请规模相应的抵押和担保,但农户家庭很可能缺乏相应的抵押担保品,因而贷款申请规模较大的农户实际获得的贷款比例反而较小。

此外,河南地区虚拟变量的回归系数在1%的水平上显著负向影响农户实际获得的贷款规模占申请规模的比例,这表明与江苏地区相比,河南地区的农户更难获得足额的贷款。可能的原因是河南地区的农村金融市场基本上由农村信用社垄断,而江苏地区则相反。

第五节 农户贷款的地区差异分析

采用 T 统计量检验各地农户贷款支付意愿水平及其贷款可得性是否具有差异。在该检验中,假设 $H_0: \mu_1 = \mu_2$,则在进行检验时所使用到的统计量为:

$$T = \frac{\overline{X_1} - \overline{X_2} - (\mu_1 - \mu_2)}{\sqrt{\frac{(n-1)S_1^2 + (m-1)S_2^2}{n+m-2}\left(\frac{1}{n} + \frac{1}{m}\right)}} \sim t(n+m-2)$$

式中,S_1 和 S_2 分别是两个总体样本的标准差,$\overline{X_1}$ 和 $\overline{X_2}$ 是两个样本的均值,μ_1 和 μ_2 是两个样本的总体均值,n 和 m 是两个样本的容量。如果 $|T| > t_\alpha$,则否定原假设,否则接受原假设。

各地农户贷款支付意愿水平的均值检验结果见表5-7。由检验结果可知,江苏、河南与甘肃地区农户贷款支付意愿水平的均值分别为1.105、0.924和1.054,其中江苏地区的均值分别高于河南0.182,高于甘肃0.052,但与甘肃的差异不显著。贷款支付意愿水平的地区差异主要受各地农户平均收入水平、农业生产或非农生产特点的影响。由于东部较发达地区农户的平均收入水平显著高于中西部,前者比后者的支付能力更强,因而在面对同样的信贷产品时,前者的支付意愿水平也可能相对较高。另外,张琴和赵丙奇(2006)根据经济发达程度把农户金融需求分为三类,即较发达地区农户的发展需求、中等发达地区农户的农业生产需求和消费性需求以及较落后地区农户的消费性需求。这表明在江苏等较发达的省份,农户就业和主要收入来源可能已经非农化,这类农户属于市场型农户,他们的金融需求是发展需求,其特点是资金需求数额大、投资回报期长、投资回报率相对较高、投资期限稳定、还款来源明确稳定,因此这类农户的支付、还款能力更强,其贷款支付意愿水平也可能相对较高;而在一些中等发达或较落后的地区，比如河南和甘肃，农业生产仍然是农户收入的重要部分，该地区大部分农户属于维持型农户，其金融需求主要表现为农业生产需求，特点表现为投资回报率相对偏低、季节性强、还款来源明确但可能不稳定，通常这类农户的支付、还款能力偏低，因此其贷款支付意愿水平也可能相对偏低。

表 5-7 农户贷款支付意愿水平（WTP）的均值检验结果

变量	样本量	均值	标准差	方差	变量	样本量	均值	标准差	方差
江苏 wtp1	118	1.105	0.026	0.279	江苏 wtp1	118	1.105	0.026	0.279
河南 wtp2	79	0.924	0.028	0.248	甘肃 wtp3	91	1.054	0.039	0.370
combined	197	1.033	0.020	0.281	combined	209	1.079	0.022	0.322
diff		0.182	0.039		diff		0.052	0.045	
diff = mean（wtp1）- mean（wtp2）					diff = mean（wtp1）- mean（wtp3）				
t = 4.6824					t = 1.073				
Ha：diff！=0					Ha：diff！=0				
Pr（｜T｜>｜t｜）= 0.0000					Pr（｜T｜>｜t｜）= 0.2845				

各地农户实际获得的贷款规模及其占申请规模比例的均值检验结果如表5-8与表5-9所示。由表5-8的检验结果可知，江苏、河南与甘肃地区农户实际获得贷款规模的均值分别为6.385、3.780和5.261，其中江苏地区的均值显著高于河南2.605，高于甘肃1.123；在表5-9中，三地农户实际获得贷款规模占申请规模比例的均值分别为0.903、0.794和0.745，其中江苏地区的均值显著高于河南0.109，高于甘肃0.158；无论从农户实际获得的贷款规模还是从农户实际获得的贷款比例看，经济较发达的东部地区的农户贷款可得性均高于经济相对落后的中西部地区。农户借贷行为的发生过程是一个资本形成和资本重组的过程（张琴和赵丙奇，2006），因此各地农户贷款可得性必然受到农村正规金融机构发展状况、资金供给以及信贷担保机制等因素的影响。在经济比较发达的东部地区，农村金融深化程度高，金融主体多元化，正规金融机构资金供给充足且信贷体系相对健全，因而农户的贷款可得性较高。而在经济相对落后的中西部地区，农村信用社是农户金融活动的主要中介，在一些偏远地区甚至是垄断经营，这不能完全满足农户的资金需求。另外，在经济欠发达的中西部地区，农村正规金融机构还普遍存在着资金供给不足的问题，为了提高信贷资金的配置效率并规避信贷风险，就有可能"惜贷"或者提高贷款农户的筛选条件，强调农户贷款的抵押和担保，而在信贷机制和担保机制还不那么健全的情况下，缺乏抵押担保的农户就有可能无法申请到足额贷款。也就是说，与经济比较发达的东部地区相比，欠发达中西部地区的农村正规金融主体更单一、资金供给不足且信贷担保机制不健

全,这就有可能使这些地区的农户贷款可得性低于东部地区。

表5-8 农户实际获得贷款规模的均值检验结果

变量	样本量	均值	标准差	方差	变量	样本量	均值	标准差	方差
江苏 scale1	118	6.385	0.805	8.746	江苏 scale1	118	6.385	0.805	8.746
河南 scale2	79	3.780	0.921	8.187	甘肃 scale3	91	5.261	0.671	6.397
combined	197	5.340	0.613	8.601	combined	209	5.896	0.540	7.81
diff		2.605	1.240		diff		1.123	1.090	
diff = mean (scale1) − mean (scale2) t = 2.1013 Ha: diff ! = 0 Pr (|T| > |t|) = 0.0369					diff = mean (scale1) − mean (scale3) t = −1.0309 Ha: diff ! = 0 Pr (|T| > |t|) = 0.3038				

表5-9 农户实际获得贷款规模占申请规模比例 (ratio) 的均值检验结果

变量	样本量	均值	标准差	方差	变量	样本量	均值	标准差	方差
江苏 ratio1	118	0.903	0.028	0.302	江苏 ratio1	118	0.903	0.028	0.302
河南 ratio2	79	0.794	0.029	0.255	甘肃 ratio3	91	0.745	0.031	0.230
combined	197	0.837	0.021	0.289	combined	209	0.812	0.021	0.301
diff		0.109	0.041		diff		0.158	0.042	
diff = mean (ratio1) − mean (ratio2) t = 2.6432 Ha: diff ! = 0 Pr (|T| > |t|) = 0.0089					diff = mean (ratio1) − mean (ratio3) t = 1.1621 Ha: diff ! = 0 Pr (|T| > |t|) = 0.2465				

第六节 本章小结

通过对江苏、河南与甘肃地区农户正规贷款支付意愿水平、正规贷款可得性及其地区差异的分析,可以发现:

第一,农户正规贷款支付意愿水平主要取决于户主对农村正规金融机构贷款政策的了解程度、家庭医疗支出、生产经营支出和地区虚拟变量。

第二,在农户正规贷款可得性中,农户实际获得的正规贷款规模主要取决于家庭房产等总折价、家庭总收入、贷款申请规模以及地区虚拟变量,而农户实际获得的正规贷款规模占申请规模的比例则主要受户主性别、家庭教育支出、家庭房产等总折价、家庭总收入、贷款申请规模以及地区虚拟变量等因素的影响。

第三，江苏、河南与甘肃地区农户正规贷款支付意愿水平的均值分别为1.105、0.924和1.054，其中江苏地区的均值分别高于河南与甘肃0.182和0.052。

第四，各地均存在一定比例的农户无法获得足额贷款，但从总体上来看，江苏地区农户正规贷款可得性高于河南与甘肃，在各地农户实际获得的贷款规模上，江苏地区的均值高于河南2.605，高于甘肃1.123；对比各地农户实际获得正规贷款规模占申请规模的比例，江苏分别高于河南与甘肃0.109和0.158。

根据以上分析可知，无论是经济相对发达的东部地区还是欠发达的中西部地区，都存在部分农户无法获得足额贷款，为了提高农户正规贷款可得性，改善农村金融市场供求非均衡，我们建议：

东部地区经济发达，农村金融深化程度高且信贷体系相对健全，农户的正规贷款可得性也相对较高。东部地区农户贷款平均申请规模相对较高，当贷款规模超过小额信贷或农户联保的贷款额度时，农村正规金融机构就会考察农户与其贷款规模相应的抵押担保品，此时这类农户可能由于缺乏相应的抵押担保而无法获得足额贷款，因而，建议政府在法律允许的范围内推进农村抵押担保机制创新，推进农村土地产权制度改革试点，通过法律形式赋予农户土地流转、抵押等权利，以扩大农村抵押担保物范围，提高经济较发达东部地区的农户正规贷款可得性，并改善该地区的农村金融市场供求非均衡状况。

中西部地区经济相对落后，农业生产是农户收入的重要来源，农村金融主体单一、信贷机制不够健全且资金供给不足，所以该地区的农户正规贷款的支付意愿水平及其可得性均低于东部地区。

首先，大力发展中西部农村经济，深化农村市场化改革，促进农村经济增长方式转变，通过技术培训以及引导等方式扶持农户将农业与其他产业相结合，推进农业产业化，通过稳定收入来源并提高收入水平来提高农户的正规贷款支付意愿水平。

其次，针对中西部地区农村金融主体单一的问题，政府应打破农村信用社在欠发达地区的垄断经营，允许并鼓励民间金融组织发展，放开对农村金融市场的限制，降低该市场准入标准，如大力支持小额信贷发展，以形成竞争的农村金融市场环境，改善农村金融服务，降低农户借贷成本，提高中西部地区农村金融机构的运行效率。

再次，中西部地区农户贷款申请规模相对较低，因此，对于中西部地区部分农户缺乏抵押担保的问题，有关部门应大力推广小额信用贷款和农户联保贷款，前者是一种借款人无须提供抵押担保仅凭借款人的信用程度作为还款保证而取得的贷款；后者是一种农户自发组成联保小组，农村正规金融机构对联保小组成员发放的并由联保小组成员相互承担连带保证责任的贷款。加大这类贷款方式的宣传力度可以让中西部农户更了解其贷款政策与程序，从而争取获得该类贷款，提高中西部农户贷款可得性。

最后，由于资金供给不足，中西部地区农村金融机构就有可能"惜贷"或者提高放款门槛来规避风险。因此，中西部地区一方面应完善农业保险制度，减少自然灾害对农业生产的影响，稳定农民收入；另一方面还应扶持农户因地制宜发展农业及其相关产业，增加农户收入；同时完善中西部地区农村社会保障制度，提高农户抵御风险的能力，提高其贷款可得性，缓解中西部地区农村金融市场非均衡。

第六章 农户贷款利率改革的福利分析
——以农村信用社为例[①]

第一节 研究背景及问题的提出

为了扶持农民，政府一直对农村金融机构采取严厉的管制并实施受限制的贷款利率，试图以限制利率的方式降低生产成本。但是，任何限价政策都有可能导致资源配置的扭曲，使稀缺的资源无法得到充分利用，从而产生效率损失。受管制的贷款利率可能使信贷机构产生"寻租"行为，因此其好处不会全被农户所得；另外，它还会使信贷资金供求缺口增大，只有极小部分农户能够从正规信贷渠道获得低息贷款（叶兴庆，1998；乔海曙，2001；高帆，2002），部分无法从正规金融机构获得贷款的农户可能转向其他较高利率的金融组织，从而不得不承受高利率下的高成本和经营风险（李刚，2005）；同时又有相当数量的农户可能根本无法获得贷款。在这种情况下，政府原打算利用受管制的贷款利率来降低农户贷款成本、发展农村经济的政策就可能失效。针对实践中出现的问题，为了满足农民发展农业生产的需要，政府允许农村金融机构对农户贷款进行改革，放松利率管制，允许利率浮动。但是，有的文献指出，现有的利率改革与政策的设计目标相背离（郝凯等，2007），即利率改革政策加重了农户的利息负担。但是，如果增加利息支出的同时也增加了农户获得贷款的数量，农户经济福利的总变动如何变化？变化的方向取决于哪些因素？目前却缺少实证的研究。

本章以江苏、河南和甘肃地区农村信用社的农户贷款为例，将农户贷款作为一种特定商品，测度放开农户贷款利率对该市场本身的供求数量的影响，以及由

[①] 本章主要内容曾发表于《农业经济问题》2011年第4期。

此引起的农户的福利变动,并以该市场农户的福利变动作为农户贷款利率是否应该市场化的标准,从新的视角考察农户贷款利率改革的问题。

第二节 农村信用社发展概况

一、农村信用社的发展历程

1927年,在湖北黄冈县,成立了第一个由中国共产党领导组建的农民协会信用合作社。1949~1956年,该时期我国将发展农村信用社纳入国家战略发展规划,并确立其发展章程。1949年,毛泽东在党的七届二中全会上提出,"必须组织生产的、消费的和信用的合作社","单有国营经济而没有合作经济,我们就不能领导劳动人民的个体经济逐步走向集团化,就不能由新民主主义社会发展到社会主义社会"。这是中国共产党首次把信用合作社的发展纳入到党的战略中来讨论。新中国成立后的第一届中国人民政治协商会议通过的《中国人民政治协商会议共同纲领》进一步明确了发展合作社的战略规划:"关于合作社:鼓励和扶助广大劳动人民根据自愿原则发展合作事业,在城镇和乡村中组织供销合作社、消费合作社、信用合作社、生产合作社。"这标志着发展信用合作社已被正式纳入国家战略发展规划。从1949年党的七届二中全会被提上议事日程到被第一届政治协商会议纳入国家发展战略,农村信用社在国家的支持下,迎来了第一次大规模的发展并很快成为发展农村经济的有力武器。

1956~1978年,这是一段比较混乱的发展时期。农村信用社的管理主体几经更替,先后被下放给人民公社、生产大队和贫下中农组织管理,此后又被交由国家银行管理,成为农村基层金融机构。

1979~1996年,该期间主要对农村信用合作社的体制进行反思和整顿。1979年,农村信用社进入由中国农业银行代管的时期。1983年,以恢复农村信用社"三性"为主的改革开始在全国范围内进行试点。1984年,中国农业银行向国务院提交《关于改革信用社管理体制的报告》,该报告标志着以恢复农村信用社"三性"为主的改革在全国展开,农村信用社由"官办"恢复到"民办",确定了农村信用社独立法人的改革方向。同年,各地县联社开始建立。1989年,农村信用社强化内部管理、整顿金融秩序。

1996~2003年,该时期农村信用社主要进行管理体制创新与产权模式探索。1996年,《农村信用社与中国农业银行脱离行政隶属关系实施方案》的通知发布,即农村信用社与中国农业银行正式脱钩。1997年2月召开了全国农村信用社管理体制改革工作的会议,该会议指明了农村信用社改革的方向并初步建立了我国合作金融新体制的主体框架;同年11月,农村信用社由中国人民银行监管。1999年4月,全国第一家农村信用合作协会在哈尔滨成立,即黑龙江农村信用合作协会;同年11月,国内首批五家省级信用合作自律管理组织试点工作完成,试点省农村信用社行业管理职能移交行业协会,农村信用社与中国人民银行分离;同年12月,全国首家省级农村信用合作社联合社,即宁夏回族自治区农村信用合作社联合社创立。2000年7月,国务院批准江苏地区进行农村信用社改革试点。2001年,全国首批农商行在江苏张家港等地相继成立,农村信用社产权改革取得了重大突破。

2003年至今,农村信用社展开了新一轮的改革,即确立了以市场化为导向的改革方向。2003年6月27日,国务院正式下发《深化农村信用社改革试点方案》的通知,决定在浙、鲁、赣、贵、吉、渝、陕、苏八省市率先进行改革试点,并在8月正式启动改革。2004年8月,《国务院办公厅关于进一步深化农村信用社改革试点的意见》新增21个省市作为改革试点。2006年12月,银监会公布《关于调整放宽农村地区银行业金融机构准入政策更好支持社会主义新农村建设的若干意见》,农信社走入市场化竞争时代。2007年8月10日,全国最后一家省级联社,即海南省联社成立。至此,农村信用社新的管理体制框架已经全面建立,改革试点第一阶段工作任务基本完成。

在所调查的三个地区中,特别值得一提的是江苏省农村信用社联合社,它是全国农村信用社改革试点单位之一。该联合社于2001年9月19日开始营业,截至2008年12月,其存款总额达4785亿元,贷款总额达3446亿元,且其中的大部分县(市)联社的存贷款规模为当地金融机构之首。江苏泗洪农村合作银行,在2005年5月18日正式成立,是江苏首家由农村信用社改制成立的农村合作银行。该行多年来的存贷款规模为全县金融机构首位,且农户贷款占比在90%以上。2008年,温家宝总理对泗洪农村合作银行的支农工作表示肯定,银监会对该行支农工作的做法予以推广。2008~2010年,该行存款年均增幅24.7%,贷款年均增幅21.7%,实现利润平均增幅27.5%。

二、农村信用社的经营概况

考察全国农村信用社的存贷款余额情况,从图6-1中可以看出,农村信用社的存款余额和贷款余额都呈现显著增长的趋势。在2002年末,农村信用社的存款余额为19875.47亿元,贷款余额为13937.71亿元;而到2008年末时,前者为42548.86亿元,是2000年末的2.14倍;后者为27452.32亿元,是2000年末的 1.97 倍。

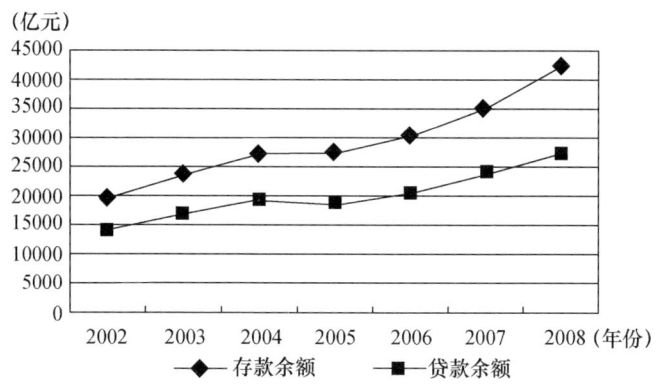

图 6-1 全国农村信用社存贷款余额

资料来源：根据《中国金融年鉴》（2003～2009 年）数据整理所得。

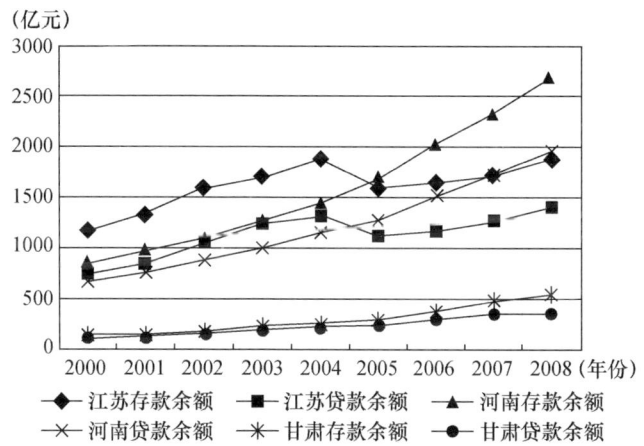

图 6-2 全国农村信用社分地区存贷款余额情况

资料来源：根据《中国金融年鉴》（2001～2009 年）数据整理所得。

考察江苏、河南和甘肃地区农村信用社的存贷款余额情况，从图 6-2 中可以看出，从 2000 年至 2008 年，江苏地区农村信用社的存贷款规模增长相对缓慢，2000 年时，其存贷款余额分别为 1170.47 亿元和 745.68 亿元；到 2008 年时，其存贷款规模分别为 1884.91 亿元和 1406.47 亿元。河南地区的存贷款规模增长较快，在 2000 年末，该地区的存款规模和贷款规模分别为 877.88 亿元和 670.75 亿元；而至 2008 年末时，分别增长为 2701.71 亿元和 1951.98 亿元，分别相当于2000年的3.08倍和2.91倍；在2005年以前，江苏地区存贷款规模高于河南，而2005年后则河南高于江苏。甘肃地区农村信用社的存贷款余额增长最快，该地区在2000年末分别为133.98亿元和103.38亿元；而到2008年末时则分别增长为547.02亿元和358.02亿元，分别为2000年末的4.08倍和3.46倍；但因为该地区农村信用社存贷款余额的基数很小，即便增长速度很快，但总体规模仍然远低于江苏和河南地区。

三、农村信用社贷款累放累收及回收率

从江苏、河南和甘肃地区农村信用社贷款累放累收的情况来看，江苏地区在2002年末累放贷款1502.75亿元，累收贷款1331.93亿元，回收率为88.63%；到2008年末时，累放与累收贷款增加分别为2427.54亿元与2152.66亿元，均为2002年末的1.62倍。河南地区2002年贷款累收累放额分别为676.75亿元和567.74亿元，而2008年末分别增长至11563.68亿元与11289.17亿元，分别是2002年末的17.09倍和19.89倍，累收累放贷款规模增加程度远高于江苏地区。甘肃地区农村信用社贷款累放累收情况在2002年分别为138.95亿元与108.38亿元，贷款回收率为78%；而至2008年末时，贷款累收累放年末余额分别增加为315.12亿元和233.11亿元，相当于2002年末的2.27倍和2.15倍。

表6-1　农村信用社分地区贷款累放累收情况　　单位：亿元，%

	江苏贷款累放累收			河南贷款累放累收			甘肃贷款累放累收		
	累放	累收	回收率	累放	累收	回收率	累放	累收	回收率
2002年	1502.75	1331.93	88.63	676.75	567.74	83.89	138.95	108.38	78.00
2003年	2100.86	1779.90	84.72	1024.36	891.18	87.00	160.60	129.07	80.37
2004年	2416.08	2223.26	92.02	1267.80	1112.98	87.79	185.49	158.41	85.40
2005年	2040.43	1871.89	91.74	2419.34	2193.07	90.65	221.21	188.12	85.04
2006年	2006.20	1822.64	90.85	3117.88	2870.95	92.08	257.94	211.11	81.84
2007年	2129.37	1872.50	87.94	4915.28	4715.09	95.93	319.84	264.00	82.54
2008年	2427.54	2152.66	88.68	11563.68	11289.17	97.63	315.12	233.11	73.97

资料来源：根据《中国金融年鉴》（2003~2009年）数据整理所得。

对于农村信用社各地区农业贷款累放累收情况，从表6-2可知，江苏地区农业贷款累放累收在2002年末分别为583.33亿元和496.17亿元，在2008年末增加至832.49亿元和734.30亿元，分别相当于2002年末的1.43倍和1.48倍。河南地区农业贷款累放累收年末余额在2002年末分别为437.20亿元和336.77

亿元,而到 2008 年末时已分别高达 919.68 亿元和 812.65 亿元,分别是 2002 年末的 2.10 倍和 2.41 倍。甘肃地区在 2002 年末分别为 96.48 亿元和 77.68 亿元,回收率为 80.51%;而到 2008 年末分别增至 189.10 亿元和 146.09 亿元,分别是 2002 年末的 1.96 倍和 1.88 倍。

表 6-2 农村信用社分地区农业贷款累放累收情况　　单位:亿元,%

	江苏农业贷款			河南农业贷款			甘肃农业贷款		
	累放	累收	回收率	累放	累收	回收率	累放	累收	回收率
2002 年	583.33	496.17	85.06	437.20	336.77	77.03	96.48	77.68	80.51
2003 年	796.65	674.13	84.62	548.12	433.83	79.15	116.72	92.81	79.52
2004 年	902.68	818.53	90.68	675.17	540.17	80.01	129.10	113.32	87.78
2005 年	952.91	867.31	91.02	911.16	743.22	81.57	150.08	132.17	88.07
2006 年	920.44	843.42	91.63	994.13	826.98	83.19	173.15	147.21	85.02
2007 年	842.51	770.82	91.49	1008.78	890.64	88.29	174.04	165.90	95.32
2008 年	832.49	734.30	88.21	919.68	812.65	88.36	189.10	146.09	77.26

资料来源:根据《中国金融年鉴》(2003~2009 年)数据整理所得。

对于农村信用社分地区贷款回收率,由图 6-3 可以看出,江苏与河南地区的贷款回收率略高于甘肃地区,但总体上说,三个地区的差别并不明显。比较表 6-2 中三个地区农业贷款的回收率,我们也可以看出三个地区在农业贷款的回收率上并没有明显差异。

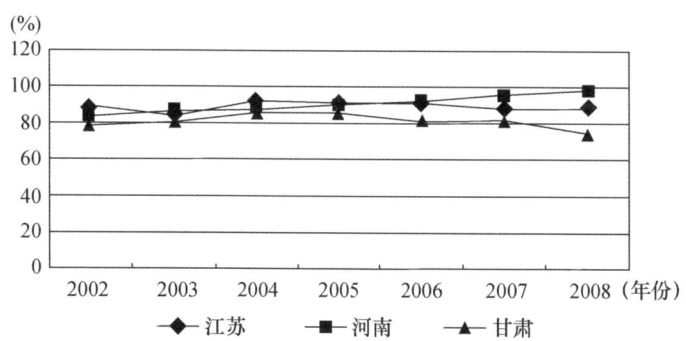

图 6-3　农村信用社分地区贷款回收率

资料来源:根据《中国金融年鉴》(2003~2009 年)数据整理所得。

四、与其他金融机构的比较

(一) 从业人员人数与法人机构的比较

从表6-3可以看出,我国农村信用社的法人机构数量明显地比政策性银行、国有商业银行、股份制银行、城市商业银行和城市信用社要高。2006年,我国农村金融机构的法人机构数为19441家,占我国银行业所有法人机构数的98.93%,而且其中农村信用社占98.45%。截至2008年,农村金融机构的法人机构数减少为5150家,比2006年减少了14291家,其中,农村信用社减少了14383家,而农村商业银行和农村合作银行分别增加了9家和83家。而另外,农村金融机构的从业人数很高,仅次于国有商业银行。2006年,农村金融机构的从业人员数高达691850人,截至2008年,从业人员数为685663人,其中农村信用从业人员数减少至50892人,而农村商业银行和农村合作银行的分别增加了18523人和26182人。可以看出,2006~2008年,农村金融机构在从业人员和法人机构的调整上是比较大的。而政策性银行、国有商业银行和股份制银行却没有变化。城市商业银行和城市信用社虽然略有变化,但幅度远没有农村金融机构那么大。

表6-3 我国银行业从业人员人数与法人机构数统计　　单位:人,家

	2006年		2007年		2008年	
	从业人员	法人机构	从业人员	法人机构	从业人员	法人机构
政策性银行	56760	3	55565	3	56483	3
国有商业银行	1469436	5	1492138	5	1483250	5
股份制银行	118036	12	139943	12	167827	12
城市商业银行	113999	113	123380	124	150920	136
城市信用社	19004	78	9367	42	7080	22
农村金融机构	691850	19441	716058	8509	685663	5150
农村信用社	634659	19348	—	—	583767	4965
农村商业银行	20003	13	—	—	38526	22
农村合作银行	37188	80	—	—	63370	163

资料来源:根据《中国金融年鉴》(2007~2009年)数据整理所得。

(二) 资产负债的比较

在我国所有金融机构中,农村信用社的法人机构数量最多,其总资产与总负债规模也仅次于我国国有商业银行和股份制商业银行。从2004年至2008年,我

国银行业金融机构总资产由 315989.8 亿元增加至 623876.27 亿元,增加了 0.97 倍。其中,农村信用社的总资产由 2004 年的 30767 亿元增加至 2008 年的 52112.6 亿元,增加了 0.69 倍;农村商业银行的总资产由 565.40 亿元增加至 9290.5 亿元,是 2004 年的 16.43 倍;农村合作银行由 2005 年的 2750.4 亿元增加至 2008 年的 10033.29 亿元,增加了 2.65 倍。考察银行业的总负债情况,从 2004 年到 2008 年我国银行业金融的总负债由 303252.5 亿元增加到 586014.91 亿元,增加了 0.93 倍;而在此期间,农村信用社仅由 30034.7 亿元增加为 49893.06 亿元,增加了 0.66 倍;在该期间,农村商业银行发展迅速,2008 年的负债规模是 2004 年的 16.27 倍;农村合作银行的负债规模 2008 年是 2005 年的 3.64 倍。虽然农村金融机构整体资产与负债规模都低于国有商业银行和股份制商业银行,但是其中农村商业银行和农村合作银行发展迅速。

表 6-4　2004~2008 年我国银行业金融机构总资产与总负债情况　　单位:亿元

		2004 年	2005 年	2006 年	2007 年	2008 年
总资产	银行业金融机构	315989.80	374696.90	439499.70	525982.50	623876.27
	政策性银行	24122.50	29283.20	34732.30	42781.00	56453.91
	国有商业银行	179816.70	210050.00	24363.50	280070.90	318358.02
	股份制商业银行	36476.00	44654.90	54445.90	72494.00	88091.52
	城市商业银行	17056.30	20366.90	25937.90	33404.80	41319.66
	农村商业银行	565.40	3028.90	5038.10	6096.70	9290.50
	农村合作银行	—	2750.40	4653.60	6459.80	10033.29
	城市信用社	1786.80	2032.70	1830.70	1311.70	803.73
	农村信用社	30767.00	31426.70	34502.80	43434.40	52112.60
	非银行金融机构	8726.80	10161.90	10594.10	9717.00	11802.33
	邮政储蓄银行	10849.60	13786.80	16122.00	17687.50	22162.94
	外资银行	5822.90	7154.50	9278.70	12524.70	13447.77
总负债	银行业金融机构	303252.50	358070.40	417105.90	495675.40	586014.91
	政策性银行	23004.50	27760.10	33006.20	39203.30	52648.38
	国有商业银行	172179.80	200452.90	228823.70	264330.00	298783.63
	股份制商业银行	35332.60	43320.00	52542.00	69107.50	83683.24
	城市商业银行	16472.70	19540.20	24722.60	31521.40	38650.94
	农村商业银行	538.30	2873.30	4789.10	5767.00	8756.39
	农村合作银行	—	2573.70	4358.70	6049.80	9380.61
	城市信用社	1766.40	2001.10	1780.70	1247.50	756.83

续表

		2004年	2005年	2006年	2007年	2008年
总负债	农村信用社	30034.70	30106.40	33005.40	41567.00	49893.06
	非银行金融机构	7744.80	9126.00	9423.90	7961.00	9491.83
	邮政储蓄银行	10849.60	13786.80	16122.00	17567.90	21941.94
	外资银行	5329.10	6530.10	8531.60	11353.00	12028.06

资料来源：根据《中国金融年鉴》（2005～2009年）数据整理所得。

（三）税后利润

在税后利润方面，我国农村信用社基本上直到2004年才开始盈利，而其他金融机构则是一直处于盈利状态。从税后利润的绝对值上看，近几年农村信用社的税后利润仍是远低于政策性银行、国有商业银行、股份制商业银行和城市商业银行。银行业金融机构在2008年的税后利润比2007年高出30.58%；而农村商业银行在2008年比2007年高71.03%；农村合作银行和农村信用社分别高出90.09%和13.29%。可见，农村商业银行和农村合作银行的税后利润增长幅度高于行业平均水平。

表6-5 我国银行业税后利润情况　　　　　　　　　　单位：亿元

	2007年	2008年
银行业金融机构	4467.30	5833.60
政策性银行	489.30	229.80
国有商业银行	2466.00	3542.20
股份制商业银行	564.40	841.40
城市商业银行	248.10	407.90
城市信用社	7.70	6.20
农村商业银行	42.80	73.20
农村合作银行	54.50	103.60
农村信用社	193.40	219.10
非银行金融机构	333.80	284.50
邮政储蓄银行	6.50	6.50
外资银行	60.80	119.20

资料来源：根据《中国金融年鉴》（2008～2009年）数据整理所得。

第三节 理论框架与研究方法

一、理论框架

本章不讨论农户获得贷款以后是否用于扩大生产，也不测度农户是否从扩大生产中增加自己的福利。我们把农户贷款作为一种特殊的商品，从这种商品的供给需求变化来看消费者剩余的变化，从而考察农户贷款利率市场化的效率以及福利经济学含义。也就是说，假定农户的贷款是接近完全竞争条件下的一种理性的经济行为，即如果放开利率的话，他们为获得贷款付出的边际成本等于获得贷款以后能够得到的边际收益而不能得到超额利润。但是，即使在这种情况下贷款利率和数量的变化仍然影响农户的福利。如果把贷款本身看作一种竞争性商品，农户在这一市场上的福利总量就可以用贷款利率与贷款需求曲线之间的面积来测度：在供应曲线不变的情况下，需求曲线外移表示福利增加，贷款利率提高则表示福利下降；而在需求曲线不变的情况下，供应曲线外移也必然带来农户福利的增加。如果贷款的供给从数量和利率的双重限制转为放开，价格上升的同时供应曲线外移，农户福利的变化就取决于价格和供应两者的相对变化幅度。

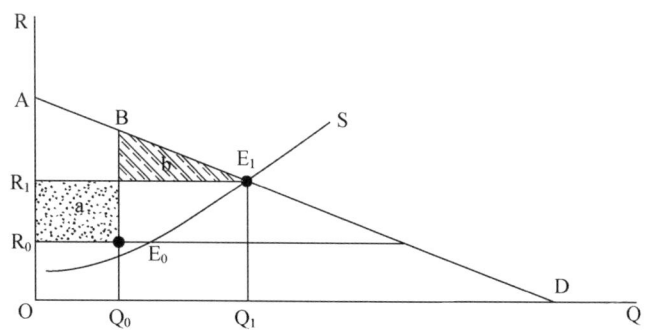

图 6-4 农户贷款利率市场化的福利变动

农户贷款需求受多种因素的影响：农户经营规模、经营活动性质、收入资产状况、个体家庭特征，以及地区特征等一系列社会经济变量，但不同农户受这些因素的影响程度不一样。单个农户的决策内容是根据贷款利率决定贷款数量，贷款利率越高，贷款数量就越少，因而整个市场的农户贷款需求曲线呈现出贷款量与贷款利率反向移动的关系。按照一般的福利经济学框架来分析农户贷款利率市场化的可能结果，如图6-4所示，纵轴为农户贷款利率R，横轴为农户贷款数量Q，农户贷款需求曲线为D，放开利率管制后农村信用社贷款给农户的供给曲线为S。

在受管制的金融市场上，放贷者不是以提高利率的方式对超额需求做出反应，而是可能以配给的方式，即使贷款者愿意支付更高的利率，仍有部分贷款申请者得不到贷款或只能得到部分贷款，这种情况下的农户贷款供给量不受贷款利率的影响。此时，图6-4中，现行农户贷款量为Q_0，现行农户贷款利率为R_0，均衡点为E_0，农户的经济福利相当于由纵轴、农户贷款需求曲线D、线段BE_0和R_0E_0所围成的四边形AR_0E_0B的面积。

在市场化的金融市场上，金融机构对农户贷款的供给偏好可能受发放农户贷款的预期收益、放贷成本、预期风险，以及地区经济活动水平等因素的影响，并由这些影响因素决定是否贷款给农户。此时，农村信用社将充分地发挥配置金融资源的功能，通过改变贷款利率去调节贷款需求量。因此，整个市场贷款供给曲线的斜率为正，即贷款利率越高，金融机构愿意放贷的数量也就越多。如图6-4所示，放开农户贷款利率管制后的农户贷款供给曲线为S。此时，农户贷款的均衡点E_1则取决于需求曲线D与供给曲线S，R_1为市场化的农户贷款利率，Q_1为市场化的农户贷款量，农户的经济福利是由纵轴、农户贷款需求曲线D和线段R_1E_1所围成的三角形ΔAR_1E_1的面积。

因此，农户贷款利率市场化前后，农户经济福利的变动相当于ΔAR_1E_1的面积与四边形AR_0E_0B的面积之差，即为图中的$(b-a)$的面积。其中，b是由于放开利率管制后，农村信用社对农户贷款的供给由Q_0增加至Q_1，即农户可获得的贷款增加所带来的净增福利；a是农户贷款利率从R_0上升至R_1而增加的利息负担，相当于福利损失。也就是说，农户经济福利变动主要取决于农户可获贷款的增加所产生的净增福利与额外增加的利息负担之差。

对于农户福利变动的地区差别，一是资金总供给，东部是最大的资本净流入区，西部地区次之，而中部则是资本净流出区（王小鲁和樊纲，2004）。二是金融市场环境，发达地区正规金融机构规模大、密度大、产品和业务品种多、存贷款都存在着竞争，且有组织的民间金融也较多，整个金融市场竞争程度高；而中西部农村的情况则相反，整个金融市场农村信用社基本上处于垄断状态（李静，2005）。因此，我们推论，由于东部较发达地区的大多数农户在贷款时也许并不愿意支付较高的贷款利率，农户贷款利率市场化带来的农户的利息负担a可能大于其可获贷款量增加的净增福利b，即图6-4中$(b-a)<0$，农户福利变动为

负；相反地，由于在中、西部欠发达地区可能存在不少农户因资金严重稀缺而愿意支付相对较高的贷款利率，农户贷款利率市场化带来的农户的利息负担可能小于其可获贷款量增加的净增福利，即图 6-4 中 $(b-a) > 0$，农户福利变动为正。

二、研究方法

将农户贷款看作一种商品，用衡量消费者福利的方法来衡量农户贷款利率市场化前后农户福利的变动。而衡量消费者福利的重要指标是消费者剩余（Consumer surplus，CS，下同）。农户的消费者剩余相当于农户为获得贷款愿意支付的最高利率（Willingness to Pay，WTP，下同）与实际支付的利率 R 之差，简单地说，农户的消费者剩余可以用农户贷款需求曲线以下、贷款利率以上的面积表示。

假设单个农户的反需求函数为：

$$r(q) = f(q)$$

由于样本农户的需求曲线相当于单个农户的需求曲线的水平加总，所以样本农户的反需求函数为：

$$R(Q) = \sum_{i=1}^{n} f_i(Q)$$

式中，i 为样本农户的个数，$i = 1, 2, \cdots, n$。

由此并结合图 6-4 可知，现行农户贷款利率下农户的经济福利为：

$$TCS_0 = \int_0^{Q_0} R(Q) \, dQ - R_0 Q_0$$

农户贷款利率市场化后农户的经济福利为：

$$TCS_1 = \int_0^{Q_1} R(Q) \, dQ - R_1 Q_1$$

所以，农户贷款利率市场化前后农户福利变动为：

$$\Delta TCS = TCS_1 - TCS_0 = \int_{Q_0}^{Q_1} R(Q) \, dQ - R_1 Q_1 + R_0 Q_0$$

式中，R_0 为现行农户贷款平均利率，Q_0 为现行样本农户总贷款量，R_1 为市场化后的农户贷款利率，Q_1 为市场化的样本农户总贷款量。

对于样本农户的需求函数的获得，首先，采用 CVM 对具有贷款需求的农户询问其为获得贷款愿意支付的最高贷款年利率（WTP），以及在最高贷款年利率下愿意贷款的数量范围。其次，以该最高贷款年利率为起点，询问贷款年利率每下降 1% 时农户愿意贷款的数量范围，反复询问直到贷款年利率为 5% 为止，以得到单个农户不同贷款利率水平下愿意贷款的数量范围。而整个样本农户的贷款需求总量则是每一个贷款利率水平上的所有单个农户贷款需求量的加总，由此我们可以推导整个样本农户的贷款需求曲线,并拟合出相应的需求函数。

市场化后农户贷款利率相当于农村信用社贷款给农户的机会成本(Opportunity Cost,OC,下同),当然,其前提是该市场运行良好。经济学中的机会成本指被放弃的价值最高的选择,又称替代性成本。如果将农村信用社的贷款分为农户贷款和其他贷款两类,那么在农户贷款利率市场化后,农村信用社发放单位农户贷款与发放单位其他贷款应获得相同的净收益。如果我们按笔数分摊农村信用社的固定成本,即假定农村信用社发放每笔贷款所花费的固定成本相同,由于农户贷款的平均额度与其他贷款的平均额度不同,所以,发放单位农户贷款的固定成本与发放单位其他贷款的固定成本必不相同。因此有:

$$R_1 - \frac{C}{N \cdot A_1} = R - \frac{C}{N \cdot A_2}$$

式中,C 为固定成本,N 为贷款总笔数,A_1 是农户贷款平均额度,A_2 是其他贷款平均额度,R_1 为市场化后农户贷款利率,R 是现行其他贷款平均利率。$C/(N \cdot A_1)$ 为农户贷款固定成本率;$R_1 - C/(N \cdot A_1)$ 相当于利率市场化后农村信用社发放单位农户贷款所获得的净收益;$C/(N \cdot A_2)$ 是其他贷款固定成本率;$R - C/(N \cdot A_2)$ 为农村信用社发放单位其他贷款所获得的净收益。

上式变形,得:

$$R_1 = R - \frac{C}{N \cdot A_2} + \frac{C}{N \cdot A_1} = OC$$

式中,OC 为市场化后农村信用社贷款给农户的机会成本。

第四节 利率改革对农户福利的影响

一、农户贷款需求函数

通过农户问卷主要了解样本农户在 2009 年的借贷行为,识别其中具有有效贷款需求的农户,并考察这些具有有效贷款需求的农户的贷款支付意愿,构建具有贷款需求的农户的需求曲线。其中,具有有效贷款需求的农户的定义:一是在 2009 年内向农村信用社申请过贷款的农户,无论是否申请到;二是除价格和有农村信用社超期贷款以外的原因,比如与信贷员不熟、太麻烦等,而在 2009 年向其他渠道借款的农户,他们是潜在的具有有效贷款需求的农户。

对于单个农户的贷款需求曲线,首先获取农户初始贷款规模与初始贷款利率。向农户家庭询问:"假如不考虑能否获得正规贷款,那么按照你们家现在的生产与消费情况，一年大概需要贷款多少元？在该借款规模下，你们家愿意支付的贷款利率是多少？"将回答填入下表中与农户"初始规模"和"初始利率"中。其次，以农户的"初始利率"和"初始规模"为基础，询问农户："如果贷款利率再增加1个点，您还愿意继续贷吗？"对于回答"愿意"的农户：①首先询问农户在新利率下愿意的具体贷款规模，并将该次询问所得的贷款利率与相应的贷款规模填入下表的A栏中，重复上面的询问，每次询问的贷款利率均比上次增加1个点，直至农户认为利率太高而放弃贷款为止。②再以"初始利率"为基础，询问农户"如果贷款利率在初始利率的基础上减少1个点，您愿意贷多少？"将该次询问所得的贷款利率与相应的贷款规模填入下表的B栏中，重复询问，每次询问的贷款利率均比上次减少1个点，直到贷款年利率已低至5%为止（过低不具有实际意义）。对于回答"不愿意"的农户，则直接询问上述问题②，并将询问所得的贷款利率与贷款规模组合填入表6-6B栏中。通过以上方法获取单个农户的贷款需求曲线。

表6-6 单个农户贷款利率与贷款规模组合

初始规模	初始利率	询问次数	A栏：利率逐渐提高		B栏：利率逐渐下降	
			贷款利率	贷款规模	贷款利率	贷款规模
		第一次				
		第二次				
		第三次				
		第四次				
		……				

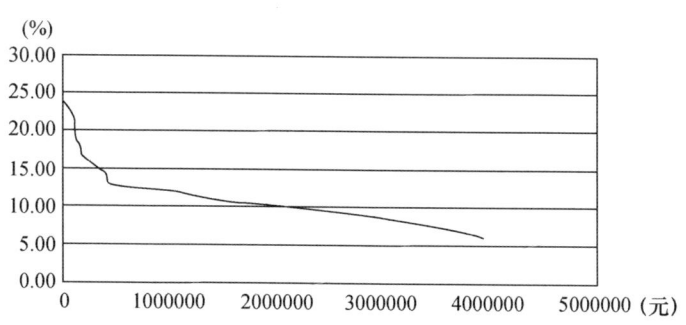

图6-5 江苏地区具有有效贷款需求的农户的需求曲线

资料来源：根据调查数据整理计算。

根据对三个地区的有贷款需求的农户贷款支付意愿的调查与统计，由单个农户的贷款需求曲线加总得出样本农户的贷款需求曲线。

从图6-5与图6-6看,当江苏与河南地区的农户贷款的支付意愿段分别小于17%与小于13%时,该支付意愿段所对应的农户贷款需求曲线部分相对其他部分均较平坦、需求弹性较大,这表明在该部分需求曲线上,农户贷款利率的提高会使农户贷款量迅速减少;而当江苏的支付意愿大于17%、河南大于13%时,两地的支付意愿段所对应的需求曲线部分则相对陡峭、需求弹性相对较小,表明在该部分需求曲线上,农户贷款利率的变化对农户贷款量的影响不大。

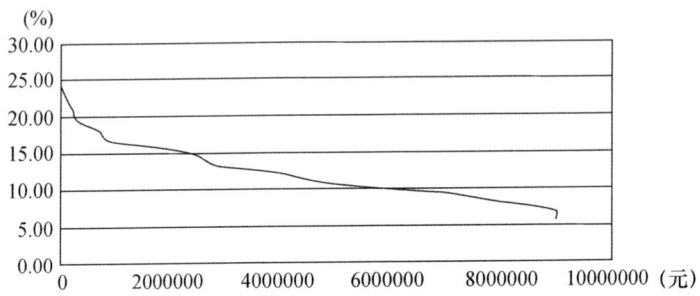

图6-6 河南地区具有有效贷款需求的农户的需求曲线

资料来源:根据调查数据整理计算。

对于甘肃地区的需求曲线,相比其他两地较低水平的支付意愿段,即江苏小于17%、河南小于13%所对应的需求曲线部分,甘肃地区则相对陡峭、需求弹性较小,因此,农户贷款利率的变化对农户贷款量的影响在江苏与河南比在甘肃要大;而相比其他两地较高水平的支付意愿段,即江苏大于17%、河南大于13%所对应的需求曲线部分时,甘肃地区要更平坦、需求弹性也更大,农户贷款利率的变化对农户贷款量的影响也比江苏与河南大。

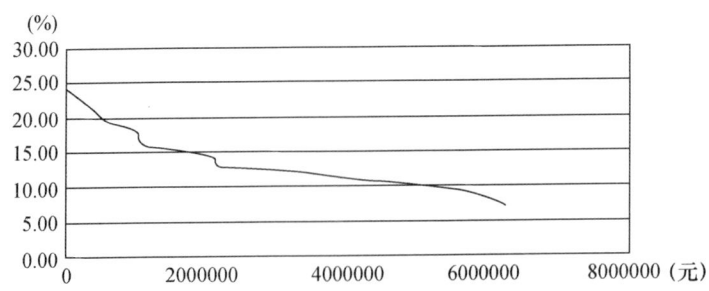

图6-7 甘肃地区具有有效贷款需求的农户的需求曲线

资料来源:根据调查数据整理计算。

二、农户贷款机会成本

在运行良好的市场上,市场价格相当于机会成本。而经济学中的机会成本以经济资源的稀缺性和多种选择机会的存在为前提,是企业将资源用于某种特定用途而放弃的在其他用途该资源可能得到的最高收益。根据研究方法我们可以对市场化后的农户贷款利率进行具体的测算。

由表6-7可知,现行其他贷款平均年利率最高的是河南,为9.207%;其次是甘肃与江苏,分别为8.64%和8.49%。江苏地区的平均固定成本与平均贷款总笔数都是江苏最高,其次是河南与甘肃,且甘肃要远低于其他两地。江苏、河南与甘肃的平均农户贷款额度分别为30860元、24347.6元和15580元。三地的平均其他贷款额度分别为538800元、177878元和43680元,且三地之间的差别非常明显。因为固定成本高的地区的贷款总笔数和农户贷款额度也大,而固定成本较低的地区的贷款总笔数和农户贷款额度也小,所以三地的农户贷款固定成本率的差别反而不甚明显,江苏、河南与甘肃分别为3.56%、3.46%和3.53%。又由于三地的平均其他贷款额度差别很大,因此,其平均其他贷款固定成本率的差异却很显著,江苏、河南与甘肃分别为0.2639%、1.0981%和1.2888%。由此计算农村信用社贷款给农户的平均机会成本,最高的是江苏,为11.73%;其次是河南与甘肃,分别为11.53%和10.97%。

表6-7 农村信用社发放农户贷款的机会成本

地区	乡镇信用社	现行其他贷款年利率(%)	固定成本(万元)	贷款总笔数(笔)	农户贷款平均额度(元)	其他贷款平均额度(元)	农户贷款固定成本率(%)	其他贷款固定成本率(%)	机会成本(%)
江苏泗洪	孙园	8.85	202	2013	32000	600000	3.14	0.17	11.8186
	陈圩	8.4	235	1990	32300	314000	3.66	0.38	11.6800
	梅花	8.4075	236	2333	30000	1130000	3.37	0.09	11.6899
	瑶沟	8.4	190	1506	35000	390000	3.60	0.32	11.6811
	石集	8.4075	200	2054	25000	260000	3.89	0.37	11.9278
河南淮阳	城关	9.207	59	1411	22600	202220	1.85	0.21	10.8504
	安岭	9.207	255	1702	25500	54000	5.88	2.77	12.3079
	郑集	9.207	161	1262	27928	55470	4.57	2.30	11.4751
	白楼	9.207	89	2057	23460	91100	1.84	0.47	10.5763
	王店	9.207	76	1001	22250	486600	3.41	0.16	12.4633

续表

地区	乡镇信用社	现行其他贷款年利率（%）	固定成本（万元）	贷款总笔数（笔）	农户贷款平均额度（元）	其他贷款平均额度（元）	农户贷款固定成本率（%）	其他贷款固定成本率（%）	机会成本（%）
甘肃陇南	城郊	8.64	42.45	1378	10200	46400	3.02	0.66	10.9962
	东江	8.64	31.36	867	10200	31200	3.55	1.16	11.0268
	马街	8.64	23.74	317	18600	48300	4.03	1.55	11.1158
	柏林	8.64	34.65	557	15100	32700	4.12	1.90	10.8574
	安化	8.64	35.18	400	23800	59800	3.70	1.47	10.8646

资料来源：根据调查数据整理计算。

三、福利测度

现行农户贷款平均利率最高的是甘肃地区，为10.48%；其次是江苏与河南，分别为10.41%和9.65%。江苏、河南与甘肃具有贷款需求的样本农户所获得的现行农户贷款量分别为2973500元、619000元和1518750元。因为农村信用社发放农户贷款的机会成本所指的"机会"必须是决策者可以实际选择的机会，所以三个地区均选择各乡镇农村信用社最低的机会成本来计算农户的福利变动，即江苏11.6800%、河南10.5763%、甘肃10.8574%。结合农户贷款需求曲线，算出各地现行农户福利和农户贷款利率市场化后的农户福利，后者减去前者可以得出福利的变动。其中，河南与甘肃地区的农户福利变动均为正，农户贷款利率市场化带给农户的利息负担要小于农户可获贷款量的增加，即带给农户的福利损失要小于净增福利，这表明农村信用社在该类地区进行农户贷款利率的改革是有利可图的，它可以更好地服务"三农"。而江苏地区的农户福利变动为负，即福利损失大于福利增加，说明不是所有地区放开贷款利率都能增加农户的福利。也就是说，如果以农户福利为标准，金融机构的改革并非在所有情况下都要把放开农户贷款利率作为中心任务。

表6-8 农户贷款利率市场化前后的福利变动

地区	现行农户贷款平均利率（%）	现行农户总贷款量（元）	发放农户贷款的机会成本（%）	现行农户福利（元）	市场化后农户福利（元）	农户福利变动（元）
江苏	10.41	2973500	11.6800	208063.82	207464.72	-599.10
河南	9.65	619000	10.5763	47833.23	89550.25	41717.02

续表

地区	现行农户贷款平均利率（%）	现行农户总贷款量（元）	发放农户贷款的机会成本（%）	现行农户福利（元）	市场化后农户福利（元）	农户福利变动（元）
甘肃	10.48	1518750	10.8574	127022.12	208869.55	81847.43

资料来源：根据调查数据整理计算。

第五节 福利变动的地区差别

东、中、西部地区的农户贷款利率改革福利效果的地区差别取决于改革后利率可能的上升幅度，以及农户贷款可获数量的增加幅度。我们从农户贷款的供给与需求两个方面说明放开利率可能带来的地区福利差异。

从供给方面说，各地农村信用社发放农户贷款的机会成本均高于其现行农户贷款平均利率，即各地农村信用社更愿意发放其他贷款而不是农户贷款。这就解释了即便是在农村金融市场较发达的东部地区仍然存在部分具有贷款需求的农户的资金需求得不到满足的原因。对于同时向农户和其他机构发放贷款的金融机构来说，发放农户贷款的机会成本主要取决于其他贷款的成本收益，而其他贷款的成本收益则与地区经济发展水平紧密相连。也就是说，经济越发达的地区，放开农户贷款利率以后农户可能需要付出的贷款利息越多，从这样的金融改革中获益也越少。从上面的计算可以看出，如果放开农户贷款利率，江苏农户贷款利率将上升最多，大约1.27个百分点，而河南和甘肃农户贷款利率则分别上升0.93个和0.38个百分点，从供给方面说明相对落后地区的农户更可能从放开贷款利率中获益。

从需求方面看，江苏农户的贷款需求弹性最高，贷款利率上升以后贷款需求数量的减少最多，福利的增加量也最少，甚至可能为负值；河南、甘肃的农户贷款需求弹性相对较低，放开贷款利率后福利的增加量也相应上升。农户正规金融机构的贷款需求弹性显然与其他渠道贷款的可得性相关。一种商品的可替代品越多，其需求的价格弹性就越大；相反，其需求的价格弹性就越小。对农户来说，农村信用社与其他正规金融机构、民间金融组织或亲戚朋友等其他渠道相互替代，向其中一种渠道申请贷款而未得到满足时，农户就可能转向其他渠道。发达地区借贷渠道相对较多，各种贷款来源的竞争程度相应较高，而中西部地区则相反,所以东部地区的农户对正规金融机构贷款的需求价格弹性要高于中西部,即东部地区农户贷款利率的变化对贷款量的影响相对较大。在其他条件相同的情况下,放开农户贷款利率以后东部地区农户可获贷款量的增加较少,贷款供给由受限制转为放开的净增福利也较少,甚至可能为负值。农户对农村信用合作社贷款的需求弹性实际上从一个角度反映了该地区其他来源的贷款可得性程度;从某种意义上看,这种贷款可得性实质上与地区资金供应总量相关,也取决于地区的经济发展水平。

从各地具有有效贷款需求的农户的资金未满足程度上看,无论是农村信用社还是其他渠道都存在着一定比例的农户的资金需求无法得到完全满足。如表6-9中江苏资金需求未满足的农户数占比与资金需求未满足额占比分别为27.38%和20.10%,甘肃则分别为43.75%和25.95%,即江苏地区农户资金需求未满足程度明显低于甘肃;且分别考察向农村信用社申请过贷款的农户与向其他渠道借贷的农户,两地两者占比结果仍是江苏低于甘肃。也就是说,无论是在总体上还是在各贷款渠道上,江苏地区农户的资金未满足程度均显著地低于甘肃地区。这样的现状反映在图6-4中就是资金需求未满足程度越低的地区曲线BQ_0越靠右,反之越靠左。在其他条件不变的情况下,曲线BQ_0越靠右,由放开农户贷款利率所带来的农户的利息负担a就越大,由放开农户贷款利率使农户可获贷款量增加所带来的净增福利b就越小,因而放开利率前后农户福利变动$(b-a)$就可能越小,反之福利变动越大。当然,造成这种各地农户贷款资金需求均未满足的现状的最根本的原因仍然在于资金的供给与需求。为什么各地农户贷款供不应求,利不在此,自然无人趋之。

表6-9 各地具有有效贷款需求的农户的资金未满足程度　　　单位:%

		江苏	甘肃
总体样本	资金需求未满足的农户数占比	27.38	43.75
	资金需求未满足额占比	20.10	25.95
向信用社申请过贷款的农户	资金需求未满足的农户数占比	32.26	44.19
	资金需求未满足额占比	20.03	23.22
向其他渠道借款的农户	资金需求未满足的农户数占比	13.64	42.86
	资金需求未满足额占比	20.71	31.59

注:其中河南地区具有有效贷款需求的农户数较少,因此未列出河南农户的资金未满足程度数据。
资料来源:根据调查数据整理计算。

第六节 本章小结

本章采用 CVM 获得江苏、河南和甘肃三个地区具有贷款需求的农户的贷款支付意愿,并以此模拟农户的贷款需求曲线;采用访谈的方式来获得农村信用社相关数据,以此估算各乡镇农村信用社贷款给农户的机会成本;进而测算农村信用社农户贷款利率市场化后农户的福利变动。研究表明,农村信用社农户贷款利率改革后农户的福利变动在江苏地区为负,在河南与甘肃地区为正,即当前所实行的受管制的利率政策的好处为较发达地区的农户所得,而资金相对稀缺,且正在快速发展的中西部传统农业区反而并未从中获益。这就表明,以放开利率为特征的农村金融体制改革,对相对落后地区用户可能带来更多的好处,因而也应当更积极地在相对落后地区实行和推广。

无论是过去的金融机构所采取严格的贷款利率管制政策,还是现在的允许贷款利率适当浮动的政策,其目标都是支持农村农业的发展,给农村提供更好的金融服务,使具有贷款需求的农户能更好地获得贷款。严格的利率管制政策也许在过去为实现政策目标起过一定的作用,但在当前中西部地区农村经济发展较快的背景下则可能成为农村经济发展的掣肘。只有利率政策与农村经济发展阶段相一致才能提高农村金融资源配置的效率并推动农村经济的发展。或许结合地区人口密度、地区经济活动水平等地区特征、农村信用社服务半径等因素来探讨某地是否适合进行利率改革更有意义。考察由利率改革引起的农户的福利变动的影响因素仍有待于进一步研究。

第七章 放宽市场准入下农户借贷渠道选择及贷款可得性分析[①]

第一节 研究背景及问题的提出

农户融资难一直是中国农村金融改革面临的核心问题（洪正，2011）。源于工业化和城市化发展战略，过去我国一直试图通过严厉的管制来汲取农村金融资源，其结果必然是资源配置扭曲及效率损失，最终带来农村金融供给不足以及市场竞争不充分等一系列问题。特别是随着农村经济的快速发展以及农业生产经营的多元化转变，农户家庭对借贷资金的依赖性不断增强（顾和军等，2015），融资难的问题也愈加突出。尽管近几十年来我国农村金融改革取得了较大发展，但由金融管制所带来的一系列问题仍是制约"三农"发展的主要"瓶颈"，而解决问题的关键则在于放开农村金融市场。

对此，2006年12月，中国银监会发布了关于放宽农村金融机构市场准入的若干意见，降低市场准入门槛，吸引各类资金到农村地区投资、收购、新设各种新型农村金融机构，不断增加农村金融供给并促进市场竞争。2014年3月，为进一步加快完善农村金融服务网络，银监会又发布了《农村中小金融机构行政许可事项实施办法》，充分优化审批流程，简化准入条件，放宽村镇银行在乡镇设立支行的条件。在此之后，我国农村金融得到了蓬勃发展。据银监会统计，截至2015年12月末，批准开业的全国各类农村金融机构共3676家，其中农村合作金融机构2303家，新型农村金融机构1373家。经济学认为，减少管制能够调整政府、市场及其行为主体之间的关系并发挥市场机制作用。其中，放宽市场准入也

---

① 本章主要内容曾发表于《财贸研究》2017年。

不例外，其能够有效减少农村金融领域的行政性进入壁垒，从而促使各类资本快速进入农村地区并参与竞争。这不仅直接增加农村金融供给，同时还将影响农村金融市场结构，包括市场中不同金融机构在规模、数量以及市场份额上的相对关系以及由此决定的垄断—竞争形势等（董晓林等，2015）。

已有关于放宽市场准入政策的相关研究主要集中于考察政策对农村金融机构本身的影响，特别是农村金融机构的市场定位、服务功能、经营绩效等不同方面的影响。但是，一项政策在市场中并不是孤立存在的，从微观层面看，衡量政策是否有效的一个重要依据是政策目标群体的反应，因此，对目标群体进行分析将有利于更深入地理解政策的发展状况。目前，我国农村金融正规渠道与民间借贷渠道并存，并且正规渠道占主导地位，主要包括农村信用社和商业银行。其中，农村正规金融服务主体非常单一，农村信用社是支农的主力军。近年来，在放宽市场准入（以及放宽在乡镇设立支行的条件）的背景下，中小规模农村金融机构及其营业网点数量不断增加，特别是村镇银行、贷款公司等新型农村金融机构迅速发展，这极大地丰富了农村正规金融服务主体、增加了金融供给，并扩大了金融服务覆盖面。此时，不同的农村金融服务主体对不同农户的影响很可能表现出一定的差异并被农户感知，进而影响其选择行为。由此，面对放宽市场准入背景下更加丰富的借贷渠道，农户如何进行选择？更进一步，金融供给的增加和服务覆盖面的扩大又能否转化为农户正规贷款需求及其贷款可得性的提高？以往的研究并没有对这些问题给予分析和讨论。

为此，本章利用2014年对江苏和甘肃地区的补充调查数据，从微观层面考察放宽市场准入背景下农户借贷渠道选择、正规借贷需求以及贷款可得性的变化情况，其意义在于，一方面可以加深了解现阶段农村金融改革政策的发展状况和实施效果，另一方面还可以从农户角度为政策的进一步完善提供科学的理论依据。

第二节　相关研究进展及评述

近年来，对于放宽市场准入的研究，已有文献主要从新型农村金融机构的视角出发来进行分析。其中多数研究肯定了新型农村金融机构在改善农村金融服务水平和满足农户金融需求上所发挥的重要作用（Kaboski and Townsend，2012；刘姣华，2014）。但也有不少研究指出部分新型农村金融机构没有根据农村金融需求进行设立，因此并不具备服务"三农"的功能。例如，曲小刚和罗剑朝

(2013)指出,村镇银行机构分布偏向东部较发达地区且信贷项目的实际目标上移,在贷款的实际操作过程中倾向于相对富裕的群体。此外,新型农村金融机构的经营绩效或盈利能力受到市场集中度与运行效率水平的显著正向作用(傅昌銮,2015),其运行效率受到经营规模、管理机制以及内部监督机制等因素的影响(林乐芬等,2013),而其可持续发展则与产品服务创新水平、员工素质、财税政策与金融环境等因素有关(葛永波等,2011)。国内外现有关于放宽市场准入的研究都取得了重要进展,为后续研究提供了理论和思路上的借鉴。但现有研究大多集中于放宽市场准入对农村金融机构本身的影响,在一定程度上忽视了其对农户及其家庭的作用。

关于农户借贷渠道选择,由于发展中国家农村金融供给二元结构持续存在(Mohieldin and Wright,2000),国内外已有研究主要将农村金融供给主体划分为正规金融组织与非正规金融组织。中国农户借贷渠道主要包括以农村信用社为主的正规渠道和以亲戚朋友为主的非正规渠道两个部分。对于农户借贷渠道选择,其中部分研究基于农户潜在融资需求及其意愿性融资渠道选择行为进行分析,如张三峰等(2013)采用意愿调查法分析农户借贷渠道选择意愿,结果显示急需资金时65%的农户最愿意选择民间借贷渠道,创业时53.1%的农户愿意选择正规渠道;丁志国等(2014)基于农户潜在融资需求的视角对农户意愿性融资渠道选择行为进行分析,结果表明农户家庭的潜在融资需求更加希望通过正规渠道实现,而非民间借贷。还有的研究采用农户实际获得贷款的情况分析农户借贷渠道选择行为,如秦建群等(2011)在剔除未发生信贷行为的农户样本的基础上分析农户借贷渠道选择行为,结果显示31.1%的农户通过非正规渠道借贷,只有13.8%的农户通过正规渠道借贷,而同时从两个渠道借贷的农户占11.9%。此外,已有研究还显示借贷类型和规模(Komicha,2007)、借贷用途(秦建群等,2011;Duong and Izumida,2002)、个体家庭及人口特征(金烨和李宏彬,2009)等因素也会影响农户借贷渠道选择。在农户借贷渠道选择方面,不少研究直接将借贷渠道划分为正规渠道与非正规渠道,没有考虑到放宽市场准入将直接影响农村金融市场结构,新型农村金融机构与传统农村金融机构在市场定位、服务功能等方面并不完全一致,农户在面对借贷渠道时将有着更多的选择;也有研究基于农户意愿性融资渠道选择行为或是实际获得贷款的渠道来进行分析,而事实上这两者都不能完全代表农户借贷渠道选择行为,前者只是农户的陈述性偏好,与其显示性偏好并不一致,而后者只是农户与各渠道相互选择的作用结果。在影响因素上,已有文献缺乏对农户借贷应急性的考察,事实上,当农户面临突发事件急需借贷资金应急时,能否及时获得资金可能也会影响农户借贷渠道选择行为。

关于放宽市场与农户贷款可得性，部分文献主要集中于分析农村金融机构营业网点数量对农户贷款可得性的影响。在农村信贷市场引入竞争机制，增加农村金融机构的数量可以提高农户贷款可得性（Varghese，2005），且网点数目越多，农户贷款可得性也越高（Menkhoff and Rungruxsirivorn，2011）。还有不少研究侧重于分析新型农村金融机构设立的作用，如果从市场定位的角度出发，由于目标群体不同，因而新型农村金融机构的设立有助于提升农户获取正规金融服务的能力（Boonperm et al.，2013），并能够在一定程度上缓解农村地区信贷约束（梁静雅等，2012）。已有研究只是验证了农村金融机构营业网点数量的增加、新型农村金融机构的设立可以提高农户贷款可得性，然而，作为独立的企业法人，为了保障自身的经济效益，农村金融机构及其营业网点（包括新型农村金融机构）通常会选择在经济较发达的县域地区发起设立，由于没有考虑农村金融需求，所以不少机构及网点都不具备向农村地区提供金融服务的功能（王煜宇，2014）。因此，仅考察县域地区营业网点数量以及是否设立新型农村金融机构对农户贷款可得性的影响并不一定准确。农村地区存在不少农户就近选择借贷渠道，因此，放宽市场准入下，有新型农村金融机构的乡镇相比没有的乡镇，农户不受排斥的可能性增加（王修华和谭开通，2012）。即新型农村金融机构的金融服务是否覆盖至乡镇一级（或乡镇一级是否有新型农村金融机构的营业网点）可能也会影响农户贷款可得性。

综上，国内外关于放宽市场准入的研究主要侧重于分析其对农村金融机构自身的作用，对于农户借贷渠道选择的研究则没有考察放宽市场准入对农村金融市场结构的影响。在放开市场与农户贷款可得性上，已有文献重点分析了县域地区营业网点数量的增加以及新型农村金融机构的设立的影响，但这在一定程度上忽视了新型农村金融服务覆盖面扩大至乡镇一级的作用。为此，本章将基于农户微观调查数据，首先采用MNL模型（Multinomial Logit Model）分析农户借贷渠道选择行为及其影响因素，然后利用Heckman两步法分析新型农村金融机构的金融服务是否覆盖至乡镇（乡镇一级是否有新型农村金融机构的营业网点）对农户正规借贷需求及其贷款可得性的影响。

相对已有研究，在借贷渠道上，本章一方面充分考虑放宽市场准入对农村金融服务主体的影响，将农户借贷渠道划分为新型农村金融机构、农村信用社、商业银行以及民间借贷渠道共四大类；另一方面以是否向各渠道提出过借款（无论是否获得资金）来判断农户借贷渠道选择，通过分析农户的实际选择行为来推论其显示性偏好更加客观。在农户贷款可得性上，重点分析放宽市场准入下新型农村金融机构服务覆盖面的扩大（乡镇一级是否有新型农村金融机构的营业网点）对农户正规借贷需求及其贷款可得性的影响。

第三节 数据来源、样本概况与变量定义

一、数据来源

本章所采用数据来源于笔者在2014年1月对江苏沭阳和甘肃庆阳县域地区所进行的实地补充调查。之所以选择这两个地区的原因在于,首先,该两地分别代表了我国东部地区和西北地区不同的经济发展水平和人口密度,对其进行调查能够更好地分析政策变化对不同地区农户借贷行为及其贷款可得性的影响。其次,放宽市场准入后,两地的新型农村金融机构都是全国首批挂牌成立的,其成立时间早、发展速度快,在当地整个县域金融市场中已经占据了一定的市场份额,甚至在乡镇一级都有不少营业网点,对其进行调查可以更好地比较分析新型农村金融机构与传统农村金融机构和民间借贷渠道的差别。此外,甘肃庆阳为"陇东粮仓""中药材之乡",江苏沭阳为"百强县""水乡明珠",两地都有不少规模化生产的农户,当地农村金融机构为农业生产及经济发展提供贷款支持的定位十分明确,农户申请正规贷款相对容易,当地具有正规借贷需求的农户样本数量更多,有利于从农户的视角为政策的进一步完善提供科学的证据。

为使样本更具有代表性,先按照乡镇一级是否有新型农村金融机构的营业网点从两个样本县(市)各抽取4个样本乡镇,再从每个样本乡镇中抽取2个村庄作为样本村,最后采用简单随机抽样的形式对农户进行现场访问。共发放问卷800份,有效问卷762份,问卷有效率为95.25%。

二、样本概况

以农户是否向各渠道提出过借款(无论是否获得资金)来判断其是否具有借贷需求。从被调查的762个样本农户的基本情况来看,具有借贷需求的样本农户数量为279个,占样本总数的36.61%,这一比例与胡枫和陈玉宇(2012)采用CFPS提供的2009年农户家庭借贷信息所发现的33.12%的差别不大。其中,江苏地区有借贷需求的农户样本数量为166个,占该地区农户总样本数量的41.19%。而甘肃地区有借贷需求的农户样本数量及其比例则分别为113个和31.48%。农户借贷需求基本情况如表7-1所示。

表7-1 农户借贷需求基本情况

	江苏		甘肃		总体	
	样本（个）	比例（%）	样本（个）	比例（%）	样本（个）	比例（%）
有借贷需求	166	41.19	113	31.48	279	36.61
无借贷需求	237	58.81	246	68.52	483	63.39

我国农村金融正规借贷渠道与非正规借贷渠道并存。实地调查数据显示，在这279个有借贷需求的农户样本中，仅从正规渠道借款的农户样本数为177个，占63.44%；仅从非正规渠道借款的农户样本数为40个，占14.34%；同时从正规渠道与非正规渠道借款的农户样本数为62个，占22.22%。在江苏地区，仅从正规渠道与仅从非正规渠道借款的农户样本比例分别为68.07%和12.05%。而在甘肃地区，仅从正规渠道借款的农户样本比例为56.64%，低于江苏地区；仅从非正规渠道借款的农户样本占17.70%，高于江苏地区。农户借贷渠道选择基本情况详见表7-2。已有研究的实地调查表明，非正规渠道是农户借贷资金的主要来源（叶敬忠等，2004；颜志杰等，2005），无论是现实的借贷渠道还是农户偏好的借贷渠道都是非正规渠道（马晓青等，2010），但本章的调查分析表明，农户借贷资金的主要来源正在转向正规渠道，部分地区农户对正规渠道的偏好甚至超过了非正规渠道，这与已有研究并不一致。可能的原因在于，一是近年来随着农村金融改革与贷款技术创新，农户贷款手续逐渐简化，贷款条件相对宽松，农户从正规渠道获得的贷款机会不断增加（童馨乐等，2015），提高了农户申请正规贷款的积极性；二是本书选择在全国首批挂牌成立新型农村金融机构的县域地区进行调查，当地农村金融机构支农政策十分明确，且两地都有许多农户进行规模化生产，申请贷款更加容易。此外，从农村与农户的实际情况看，农村劳动力长期外出务工在一定程度上改变了过去以血缘、地缘、业缘为基础的农村社会关系和信任关系，这可能会对民间借贷（特别是亲戚朋友之间的借贷）及其隐性成本产生影响，而且这种影响可能还会不断扩大。

表7-2 农户借贷渠道选择基本情况　　　　单位：个,%

	江苏		甘肃		总体	
	样本	比例	样本	比例	样本	比例
仅从正规渠道借款者	113	68.07	64	56.64	177	63.44
仅从非正规渠道借款者	20	12.05	20	17.70	40	14.34
同时从正规渠道与非正规渠道借款者	33	19.88	29	25.66	62	22.22

在表7-3中,江苏地区共有借贷笔数199笔,其中借贷笔数最高的是农村信用社,占该地区总笔数的45.73%;其次是民间借贷和新型农村金融机构,分别占26.63%和15.58%;最低的是商业银行,仅占12.06%。甘肃地区共有借贷笔数142笔,其中借贷笔数最高的是民间借贷,占34.51%;其次是农村信用社和新型农村金融机构,分别占33.80%和18.31%;与江苏一样,商业银行占比最低。无论是江苏沭阳还是甘肃庆阳,新型农村金融机构的借贷笔数比例均已超过15%。由此可见,在渠道选择中,新型农村金融机构是除农村信用社和民间借贷之外的最重要的借贷渠道之一。各渠道农户借贷笔数分布情况如表7-3所示。

表7-3 分渠道农户借贷笔数分布情况

		新型农村金融机构	农村信用社	商业银行	民间借贷	总笔数	总样本
江苏	借贷笔数(笔、个)	31	91	24	53	199	166
	比例(%)	15.58	45.73	12.06	26.63	100.00	—
甘肃	借贷笔数(笔、个)	26	48	19	49	142	113
	比例(%)	18.31	33.80	13.38	34.51	100.00	—

注:各地区分渠道农户借贷笔数合计值与农户借贷样本总数不相等是由于存在部分农户同时从正规渠道和非正规渠道借款(详见表7-2),因此表7-2中总笔数大于总样本数。

在这239个向农村正规渠道借款的农户样本中,没有获得任何正规贷款的农户样本共有6个,占向农村正规渠道借款的农户总样本的2.51%;获得了部分正规贷款与获得全部正规贷款的农户样本数量分别为82个和151个,两者分别占向农村正规渠道借款的农户总样本的34.31%和63.18%。其中,在江苏与甘肃,获得了全部正规贷款的农户样本分别占两地向农村正规渠道借款的农户样本的67.12%和56.99%,只获得了部分正规贷款的农户样本比例分别为30.82%和39.78%。江苏地区样本农户的借贷需求抑制程度接近马晓青等(2012)所计算出的江苏农户名义借贷需求抑制程度35.14%。这表明,农村地区仍然普遍存在着金融抑制现象,约有36.82%的具有正规借贷需求的农户的资金需求无法得到满足或完全满足。

表7-4 农户贷款可得性的基本情况   单位:个,%

		没有获得正规贷款	获得部分正规贷款	获得全部正规贷款	合计
江苏	样本数量	3	45	98	146
	比例	2.05	30.82	67.12	100.00

续表

		没有获得正规贷款	获得部分正规贷款	获得全部正规贷款	合计
甘肃	样本数量	3	37	53	93
	比例	3.23	39.78	56.99	100.00

三、变量定义

(一) 因变量

(1) 农户借贷渠道选择。放宽市场准入下新型农村金融机构快速发展,农村金融服务主体得到了极大的丰富。本文根据调查样本情况将农户借贷渠道主要分为四大类:一是新型农村金融机构,主要包括村镇银行、农村贷款公司和农村资金互助社等;二是农村信用社;三是商业银行,主要包括国有商业银行和一些地方性商业银行;四是民间借贷,主要指亲戚朋友、地下钱庄、高利贷等。无论是否获得资金,只要向各大渠道申请过贷款或提出过借款,这些农户家庭就被判定为具有借贷需求,其所对应的渠道就是农户所选择的借贷渠道。将其中每笔借款都作为独立决策(单独的合同交易)处理(Menkhoff and Rungruxsirivorn, 2011; Siamwalla et al., 1990),采用 MNL 模型分析放宽市场准入下农户借贷渠道选择行为及其影响因素(新型农村金融机构为基准组)。

(2) 农户正规借贷需求与贷款可得性。无论是否获得资金,只要向农村正规金融机构申请过贷款的农户都具有正规借贷需求,其中,农户实际获得的正规贷款规模占其申请规模的比例为农户贷款可得性。由于所采用的数据中存在很多没有正规借贷需求的样本,如果在统计中直接剔除这部分样本用 OLS 进行估计,将会导致样本选择性偏误问题(Heckman, 1979)。但如果不考虑农户是否具有正规借贷需求,采用全部样本来分析农户贷款可得性同样会导致估计偏误。因此,本章采用 Heckman 两步法分析放宽市场准入下新型农村金融机构服务覆盖面的扩大(乡镇一级是否有新型农村金融机构的营业网点)对农户正规借贷需求及其贷款可得性的影响。

(二) 自变量定义及其描述性统计

(1) 农户个体及其家庭特征。选择向新型农村金融机构借款的农户,在劳动力人数、家庭总收入和家庭年生产经营总投入上的样本均值低于选择农村信用社和商业银行的农户,但高于民间借贷;在土地面积上则仅低于农村信用社;对于是否有儿童与是否建新房,在是否有儿童上的均值略高于农村信用社与商业银行,在是否建新房上则略低,但两者均远低于民间借贷。这表明劳动力人数较多、家庭总收入较高且家庭年生产经营总投入更高者偏向于选择传统的农村信用社和商业银行，土地面积较高者倾向于选择农村信用社和新型农村金融机构，而有儿童和建新房的农户家庭则可能偏好民间借贷。即相对传统农村金融机构，新型农村金融机构所面临的客户群体大多是劳动力人数偏少、收入相对偏低且生产经营总投入也相对较低的农户。

（2）借贷用途及其特征。在借贷用途上，与张庆昉（2010）的研究一致，农户非农生产性借款主要选择农村正规金融机构，而消费性借款更多地依赖民间借贷。在是否应急借款上，民间借贷的均值最高，新型农村金融机构与传统的农村信用社和商业银行的差别不大。另外，在借贷规模上，选择新型农村金融机构的样本均值居于传统农村金融机构与民间借贷之间。

（3）是否有营业网点。从样本总体来看，农户家庭常住地所在乡镇一级是否有新型农村金融机构的营业网点的均值为0.55，可见不少农户所在乡镇已有新型农村金融机构的营业网点，相比之前，这些乡镇的农村金融市场竞争更加激烈。

自变量定义及其具体描述性统计如表7-5所示。

表7-5 自变量定义及其描述性统计

自变量	有借贷需求者				无借贷需求者	样本总体
	新型机构	农信社	商业银行	民间借贷		
户主性别（男=0，女=1）	0.23	0.27	0.23	0.22	0.24	0.24
户主年龄（周岁）	43.91	44.02	42.56	42.62	43.14	43.25
户主受教育年限（年）	7.16	7.27	7.16	7.10	6.60	6.84
家庭劳动力人数（人）	3.32	3.65	4.47	2.79	3.32	3.37
家庭年收入（万元）	3.69	8.75	11.20	3.01	3.86	4.95
家庭经营土地面积（亩）	6.97	28.55	3.59	5.39	5.50	9.38
是否有儿童（否=0，是=1）	0.35	0.41	0.42	0.62	0.46	0.46
家庭年生产经营总投入	4.60	5.13	5.09	3.18	2.56	3.34
是否农业生产性借款（否=0，是=1）	0.26	0.15	0.05	0.06	—	—
是否消费性借款（否=0，是=1）	0.37	0.25	0.14	0.62		
是否应急借款（否=0，是=1）	0.13	0.16	0.17	0.53		
借贷规模（万元）	3.74	5.82	7.72	2.96		
是否有营业网点（否=0，是=1）	—	—	—	—	0.50	0.55
地区虚拟变量（以甘肃为参照组）	0.54	0.65	0.56	0.52	0.49	0.53

注：家庭年生产经营总投入：小于等于1000元=1，1001~2000元=2，2001~5000元=3，5001~1万元=4，1万~2万元=5，2万~5万元=6，5万~10万元=7，10万~20万元=8，大于20万元=9。
是否有营业网点：主要指该农户家庭常住地所在乡镇一级是否有新型农村金融机构的营业网点。

第四节 农户借贷渠道选择行为及其影响因素分析

本章将样本中每笔借款都作为农户家庭独立决策（单独的合同交易）来处理，采用 MNL 模型来分析农户借贷渠道选择的影响因素，该模型允许农户间的误差项存在可能的相关性。在离散选择模型中，通常采用随机效用函数来解释个体的选择行为。当个体 i 对某一类别 j 进行选择时，假设该选择的随机效用函数为：

$$U_{ij} = V_{ij} + \varepsilon_{ij}$$

式中，U_{ij} 为个体 i 选择方案 j 的效用函数；V_{ij} 为个体 i 选择方案 j 的间接效用函数，其受个体家庭特征、借贷用途以及地区虚拟变量等因素的影响；ε_{ij} 为被调查者 i 选择方案 j 的随机误差项。当效用最大化时，个体 i 从集合 C 中选择方案 j 的概率为：

$$P(U_j) = P(U_{ij} > U_{ik}), j \neq k, j \in C, k \in C$$

假设效用函数的随机误差项 ε_{ij} 服从独立同分布（i.i.d.）和极值分布（Extreme Value distribution），则个体 i 选择方案 j 的概率可用 MNL 模型表示为：

$$P(U_j) = \frac{\exp(\mu V_{ij})}{\sum_{m \in C} \exp(\mu V_{im})}$$

假设农户面临 m 种借贷渠道，则农户 i 第 k 笔借款选择借贷渠道 j 的概率为：

$$P(Y_{ik}=j) = \frac{\exp(\alpha_j X_i + \beta_j Z_k + \gamma_j D_n)}{\sum_{m=0}^{3} \exp(\alpha_m X_i + \beta_m Z_k + \gamma_m D_n)}$$

式中，Y_{ik} 表示农户选择的借贷渠道，X_i 为农户的个体家庭特征，Z_k 为借贷用途，D_n 表示地区虚拟变量。在模型中，新型农村金融机构作为基准组，比较其他借贷渠道与基准组的差别。本研究进行不相关选择独立性假设（IIA）检验，结果表明多项 Logit 模型能够满足 IIA 假设，模型拟合结果如表7-6所示。

表7-6 农户借贷渠道选择及其影响因素

	农村信用社		商业银行		民间借贷	
	系数	标准误	系数	标准误	系数	标准误
户主性别	-0.1420	0.4329	-0.2033	0.5806	-0.1830	0.4661
户主年龄	0.0023	0.0216	-0.0297	0.0299	0.0036	0.0243
户主受教育年限	0.0095	0.0672	-0.0197	0.0878	-0.0046	0.0731

续表

	农村信用社		商业银行		民间借贷	
	系数	标准误	系数	标准误	系数	标准误
家庭劳动力人数	0.1530	0.1406	0.5612***	0.1861	-0.3203*	0.1653
家庭年收入	0.2746***	0.0764	0.3157***	0.0790	-0.2313**	0.1046
家庭经营土地面积	0.0328	0.0399	-0.1592**	0.0627	-0.0196	0.0507
是否有儿童	0.2331	0.4208	0.0271	0.6063	1.6540***	0.4631
是否农业生产性借款	-0.8214	0.5251	-1.8625**	0.9388	-1.7008**	0.6813
是否消费性借款	-0.0622	0.4350	-1.0614	0.6725	0.4220	0.4594
是否应急借款	-0.5207	0.4561	0.0803	0.6368	1.2213***	0.4396
地区虚拟变量	0.5226	0.4390	1.0103*	0.5694	0.6123	0.4797
Constant	-1.5054	1.4350	-1.9473	1.9648	0.8111	1.6007
LR chi2 (33)	255.88					
Prob > chi2	0.0000					
Pseudo R^2	0.2915					
样本数	341					

注：*、**、***分别表示变量在10%、5%和1%的水平上显著。

回归结果显示，选择农村信用社和商业银行的农户在家庭年收入上显著为正，这表明相比新型农村金融机构，选择传统农村金融机构的农户家庭年收入更高，反过来就是选择新型农村金融机构的农户家庭年收入相对较低。而家庭年收入相对较低的农户之所以选择新型农村金融机构，可能是因为其对新型农村金融机构与传统农村金融机构的客户偏好做出经验判断，认为成立时间较短、规模相对较小的新型农村金融机构对农户收入约束的要求可能低于传统农村金融机构。除农户家庭年收入以外，选择新型农村金融机构和农村信用社的农户在其他个体家庭特征上无显著差异。从商业银行借款的主要是家庭劳动力人数和家庭年收入较高且经营土地面积较少的农户，这类农户的实际偿债能力较好且收入来源持续、稳定。而选择民间借贷渠道的则大多是家庭劳动力人数和家庭年收入均偏低且家有儿童的农户，这表明收入越低、负担越重的农户越依赖亲戚朋友等民间借贷，这一结论与王定祥等（2011）对农户借贷需求与借贷行为的研究一致，即民间借贷渠道是相对贫困农户的融资主渠道。

在借贷用途上，选择农村信用社和商业银行的农户在是否农业生产性借款和是否消费性借款上的系数均为负，且后者在是否农业生产性借款上显著，这表明相比新型农村金融机构，农户更偏好于选择传统农村金融机构申请非农生产性贷款。民间借贷在是否农业生产性借款上的系数显著为负，在是否消费性借款上的系数为正,即与新型农村金融机构相比,农户消费性借款更倾向于选择民间借贷渠道。总之,农户的非农生产性借款偏好于农村正规金融机构,消费性借款则更倾向于选择民间借贷渠道,这一结论与叶敬忠等(2004)和张庆昉(2010)的实证结果一致。表7-7对各渠道实际发生的借贷金额按借贷用途进行统计,结果显示,农村信用社与商业银行发放的农业生产性贷款比例分别为17.13%和1.95%,两者发放的消费性贷款比例分别为14.49%和13.95%;而新型农村金融机构发放的农业生产性贷款和消费性贷款比例则分别为19.95%和36.89%,两者均高于传统农村金融机构;民间借贷渠道中约有55.16%的借款将用于消费。可见,农户之所以根据借贷用途选择借贷渠道,这可能是基于他们长期以来对各渠道的客户偏好与政策倾斜等因素做出的总结与判断。这些农户认为农村正规金融机构可能更倾向于发放生产性贷款;而民间借贷渠道则大多秉承农村"救急不救穷"的一贯原则,更多的是带有应急特征的消费性借贷。

表7-7 各借贷渠道实际发放贷款(借款)基本情况 单位:%

	新型农村金融机构	农村信用社	商业银行	民间借贷
农业生产性	19.95	17.13	1.95	3.91
非农生产性	43.16	68.38	84.10	40.93
消费性	36.89	14.49	13.95	55.16

另外,表7-6中的回归结果还显示,选择新型农村金融机构与农村信用社和商业银行的农户在是否应急借款上没有显著差异。民间借贷中是否应急借款的回归系数为正,且在1%的水平上显著,这表明农户应急借款选择新型农村金融机构的比例远低于民间借贷渠道,农户主要依赖民间借贷渠道解决应急性借款。而且,在样本数据中,新型农村金融机构、农村信用社和商业银行实际发放应急性借款金额占总发放金额的比例分别为6.45%、6.92%和7.81%,而民间借贷的比例为45.53%,后者远高于前三者。由此可知,在应急借款时,农户通常会认为新型农村金融机构与农村信用社和商业银行在贷款审批程序和时间上差别不大,而民间借贷渠道更加灵活便捷、放款迅速,因而更倾向于选择民间借贷渠道。

综上所述,家庭年收入较高、家庭劳动力人数较多且借贷用于非农生产的农户家庭更倾向于选择传统农村金融机构(农村信用社和商业银行),而与之相反的家庭年收入较低、劳动力人数较少且家有儿童、借贷用于消费、用于应急的农户家庭则更多地选择民间借贷。对于农户家庭来说,新型农村金融机构与农村信用社相似,只是更能接近中低收入农户,且能够在资金借贷用途上更接近民间借贷并适应农户需求,但在解决农户应急资金需求的问题上却并没有显著不同。仔细分析其中的原因,一方面,放宽市场准入后,新型农村金融机构才开始成立,起步较晚,且多数都设立在经济较发达的县城及其周边的城乡接合部,截至目前其在乡镇一级的营业网点仍然偏少,从这个角度来说,新型农村金融机构也有可能和传统农村金融机构偏好同类客户,它们很难真正地服务于更多不同类型的农户;另一方面,从目前的情况看,现有新型农村金融机构或多或少地受到其发起银行企业文化和经营模式的影响,因而它们可能并没有完全根据农户的需求特征进行贷款技术与贷款模式的创新。

第五节 扩大金融服务覆盖面对农户贷款可得性的影响

为避免样本选择性偏误问题,本章采用 Heckman(1979)提出的"两步估计法"解决数据中存在大量零值的问题。在该模型中,第一步,分析新型农村金融机构服务覆盖面的扩大对农户正规贷款需求(是否申请正规贷款)的影响,计算逆米尔斯比率(Inverse Mill's Ratio),并代入第二步进行回归;第二步,分析其对农户贷款可得性的影响。

第一步,采用二值选择模型来估计所有农户样本是否具有正规借贷需求,方程形式如下:

$$z_i = \begin{cases} 1, & if \quad z_i^* = w'_i\gamma + \mu_i > 0 \\ 0, & if \quad z_i^* = w'_i\gamma + \mu_i \leq 0 \end{cases}$$

式中,是否向农村正规金融机构申请贷款 z_i^* 是潜在变量,由农户个体家庭特征、乡镇一级是否有新型农村金融机构的营业网点及其与家庭年收入的交互项、地区虚拟变量等一系列因素 w_i 决定;ε_{ij} 表示随机误差项。如果农户具有正规借贷需求(申请正规贷款),则 $z_i=1$;否则 $z_i=0$。假设 $\varepsilon_i \sim N(0, \sigma^2)$,$\mu_i \sim N(0, 1)$,两者的相关系数 $corr(\varepsilon_i, \mu_i)=\rho$,$z_i^*$ 服从 Probit 模型,其中,$z_i=1$ 的概率为 $P(z_i=1|w)=\phi(w'_i\gamma)$。根据上述二值选择模型得到估计值 $\hat{\gamma}$,计算逆米尔斯比率:

$$\lambda_i = \frac{\phi(w_i\gamma)}{\phi(w_i\hat{\gamma})}$$

式中,$\phi(w_i\gamma)$ 与 $\phi(w_i\hat{\gamma})$ 分别表示以 $w_i\hat{\gamma}$ 为变量的标准正态分布的密度函数和累计密度函数。

第二步，利用选择样本，即 $z_i = 1$ 的观测数据来分析农户贷款可得性，估计模型为：

$$y_i = \alpha X_i + \beta M_i + \delta D_n + \varepsilon_i$$

式中，y_i 表示农户贷款可得性，X_i 为农户的个体家庭特征，M_i 为贷款申请规模、乡镇一级是否有新型农村金融机构的营业网点及其与农户家庭年收入的交互项，D_n 表示地区虚拟变量，ε_i 为误差项。y_i 能否被观测到完全取决于二值选择变量 z_i，即只有当 $z_i = 1$ 时，y_i 才能够被观测到。模型具体估计结果如表 7-8 所示。

表 7-8 农户正规借贷需求及其贷款可得性的影响因素分析

	第一阶段：农户正规借贷需求（是否申请正规贷款）		第二阶段：农户正规贷款可得性	
	系数	标准误	系数	标准误
户主性别	0.0733	0.2231	0.0415	0.0432
户主年龄	-0.0079	0.0105	0.0001	0.0022
户主受教育年限	0.0028	0.0337	-0.0029	0.0062
家庭劳动力人数	0.2898***	0.0730	0.0257**	0.0117
家庭年收入	0.1397**	0.0674	-0.0060	0.0052
家庭经营土地面积	0.0029	0.0133	-0.0001	0.0003
是否有儿童	-0.7451***	0.2117	-0.0028	0.0480
家庭年生产经营总投入	0.1933***	0.0690	—	—
借贷规模	0.1013***	0.0328	-0.0091***	0.0034
是否有营业网点	0.6236*	0.3530	0.0543	0.0541
家庭年收入×是否有营业网点	-0.0649	0.0842	0.0196***	0.0051
地区虚拟变量	0.0113	0.2134	0.0862**	0.0396
_cons	-1.7075**	0.7612	0.6385***	0.1589
Mills lambda	—	—	0.1557**	0.0777
Wald chi2 (11)	48.83			
Prob > chi2	0.0000			
样本数	762			

注：*、**、***分别表示变量在10%、5%和1%的水平上显著。

第一阶段的选择模型估计结果显示，是否有营业网点的回归系数在10%的统计水平上正向显著地影响农户正规借贷需求，这表明，在乡镇一级有新型农村金融机构营业网点的地区的农户正规借贷需求更高，这可能是由于新型农村金融机构在乡镇一级设立营业网点提高了当地农村正规金融服务供给，加剧了金融市场竞争，促使农户贷款交易成本下降，部分原来选择民间借贷渠道的农户将重新转向正规渠道，从而使得当地农户正规借贷需求更高。是否有营业网点与农户家庭年收入交互项不显著。另外，在其他控制变量中，农户家庭劳动力人数和家庭年收入分别在1%和5%的水平上正向显著，即家庭劳动力人数越多、年收入水平越高的农户的正规借贷需求更高，更倾向于选择正规渠道申请贷款。这可能是由于农户普遍认为农村正规渠道更偏好于发放贷款给经济状况良好并且可以持续获得收入的家庭，即家庭劳动力人数多、年收入水平高的农户家庭的贷款可得性更高，基于此，相比亲戚朋友借贷的人情费用支出与地下钱庄的高利率，这类农户也更倾向于选择利率合适的正规渠道。是否有儿童的回归系数在1%的负向水平上显著，即有儿童的农户家庭的正规借贷需求更低，这类农户的资金需求更多地依赖民间借贷渠道。农户家庭年生产经营总投入和借贷规模的回归系数均在1%的水平上显著为正，这表明生产经营总投入与借贷规模越大的农户的正规借贷需求越高，越偏好于选择农村正规借贷渠道。可能的原因是民间借贷的平均资金规模较小，样本中民间借贷渠道实际发放的农户借贷资金平均规模约为2.96万元，而农村正规借贷渠道的平均规模为4.86万元，即来自农村正规金融机构的户均借贷规模远高于非正规的户均借贷规模（胡枫和陈玉宇，2012）。民间借贷的平均资金规模难以满足生产经营总投入与借贷规模较大的农户的资金需求缺口，因此这类农户更有可能具有正规借贷需求，也更倾向于选择正规渠道。

第二阶段的模型估计结果表明，是否有营业网点的回归系数为正但不显著，这表明相比没有营业网点的乡镇，有新型农村金融机构营业网点的乡镇的农户贷款可得性有所提高但并不显著。可能的原因在于，虽然放宽市场准入能够引入各类资本进入、增加新型农村金融机构在乡镇一级的营业网点（分支机构）的数量并改变农村信贷市场份额的分配，这表明农村金融服务主体的丰富以及资金供给的增加，但增加供给的同时也增加了农户正规借贷需求（第一阶段的模型估计结果），因而这种变化并不一定能转化为农户贷款可得性的显著提升。家庭年收入与是否有营业网点的交互项的系数在1%的水平上正向显著，说明新型农村金融机构在乡镇一级设立营业网点显著地提高了高收入群体的贷款可得性，这可能与高收入群体良好的经济状况、偿债能力以及还款意愿等情况有关，较富裕的农户家庭更可能获得农村正规金融机构贷款，这一结论与叶敬忠等（2004）、Turvey和Kong（2010）的研究结果一致。在其他控制变量中，农户家庭劳动力人数的回归系数在10%的统计水平上显著为正，这表明劳动力人数较多的农户贷款可得性也较高。劳动力人数可以在一定程度上代表农户家庭持续获得收入的能力，因此这类农户从农村正规渠道获得贷款的可能性也会增加。农户正规贷款申请规模的回归系数在1%的水平上显著为负，即申请规模越大的农户的贷款可得性越低。可能的原因是贷款申请规模较小的农户可以通过选择小额信贷或农户联保而不需要抵押担保，所以这类农户的贷款可得性相对较高；而申请规模较大的农户却往往因缺乏抵押担保而难以获得全部贷款，其贷款可得性反而较低。此外，模型回归结果还显示江苏地区农户的贷款可得性显著高于甘肃。

总结以上分析结果，本研究发现，首先，在有新型农村金融机构营业网点的乡镇中，农户正规借贷需求及其贷款可得性都有所增加，但后者在统计水平上不显著；只有收入水平相对较高的农户的贷款可得性得到了显著提高。其次，本章选择了放宽市场准入以来新型农村金融机构成立时间早、发展迅速且在乡镇一级有着不少营业网点的江苏沭阳和甘肃庆阳地区进行调查，并据此分析其在乡镇一级设立营业网点对农户贷款可得性的影响。就总体情况看，放宽市场准入下新型农村金融机构虽然发展迅速，但不少地区的新型机构成立时间短、在县域金融市场中经营规模小，甚至有的还没有在乡镇一级设立营业网点，因此，这一差异可能会在一定程度上导致本章的结论高于实际值。另外，在以上回归中，逆米尔斯比率在5%的水平上显著，表明样本存在选择性偏误问题，因而采用Heckman两步法来进行分析是合适的。

第六节 本章小结

本章基于农户调查数据，对放宽市场准入下农户借贷渠道选择行为及其贷款可得性的影响因素进行计量分析，研究结果表明：

（1）家庭年收入较高、劳动力人数较多且借贷用于非农生产的农户家庭更倾向于选择农村正规借贷渠道，其中家庭年收入次之的农户家庭更偏好于新型农村金融机构，而与之相反的家庭年收入较低、劳动力人数较少且家有儿童、借贷用于消费、用于应急的农户家庭则更多地选择民间借贷。

（2）是否有营业网点、农户家庭劳动力人数、家庭年收入、家庭生产经营总投入以及借贷规模对农户正规借贷需求有着显著正向影响，是否有儿童则起着负向作用。

（3）是否有营业网点及其与家庭年收入的交互项、农户家庭劳动力人数对农户贷款可得性有正向影响，而贷款申请规模则起着负向作用。

虽然放宽市场准入能够引入各类资本进入、丰富农村金融服务主体，但对于农户家庭而言，在进行借贷渠道选择时，新型农村金融机构与传统农村金融机构差别不大。基于以上结论，要提高农户贷款可得性，建议政府有关部门大力推动各大农村金融机构差异化定位和特色化发展,要立足"三农"需要,坚持市场导向,根据当地农户的实际借贷需求来积极探索低成本、可复制、易推广的农村金融产品和服务方式,创新个性化的贷款模式,发挥其熟悉当地经济和产业的优势,形成特色经营,以满足农户多样化的金融需求并提高其运行效率。同时,农村金融机构还可以通过创新贷款模式、简化操作流程以及缩短贷款审批期限等方式满足农户应急资金需求。而针对农户缺乏抵押担保的问题,应加快建立适应"三农"特点的融资担保体系与贷款担保体系,可以结合当地社会经济条件,探索合适的抵押担保机制,逐步扩大抵押担保范围,推出林权抵押、宅基地抵押、承包经营权抵押及其他不动产抵押等独具特色的新型抵押产品。

第八章 政策建议与研究展望

第一节 政策建议

本书以上各章系统研究了农户正规借贷、贷款可得性及其地区差异，在此基础上探析农村金融市场非均衡的成因，测度农户贷款利率改革对农户家庭福利的影响，探讨新一轮农村金融改革中放宽农村金融市场准入对农户借贷渠道选择及贷款可得性的影响。本章根据以上各章的研究结果，讨论进一步放开农村金融市场、提升农户家庭福利以及完善农村金融改革的各种可能的政策选择。

一是农户贷款利率改革应当因地制宜。无论是过去农村金融机构所采取的严格的利率管制政策还是现在允许贷款利率适当浮动的政策，其目标都是为了支持农村农业的发展，给农村提供更好的金融服务，使具有贷款需求的农户能更好地获得贷款。严格的利率管制政策也许在过去为实现政策目标起过一定的作用，但在当前中西部地区农村经济发展较快的背景下则可能成为农村经济发展的掣肘。因此，各地农户贷款利率改革势在必行。但是农户贷款利率改革的效率受各种社会经济等因素的制约，农户贷款利率改革对各地农户福利的影响存在显著差异，这与地区经济发展水平紧密相连。如果要在利率改革中增进农户福利，我们也许需要适当地选择利率改革地点以及具体的改革方式，而不是盲目地全面推广农村金融利率改革。具体要如何选择利率改革地区与方式方法，我们有如下建议：农户贷款利率改革应兼顾经济发展相对落后的地区；同时要相应地考虑地区人口密度，如在人口特别稀少、经济落后且农村信用社服务半径很大一些地区，由于农村信用社的固定成本与放贷成本很高，其农业报酬很可能无法支撑市场化的贷款利率，这部分地区是否需要利率改革或是需要政府补贴还需要进一步研究。积极推动有需求的地区进行农户贷款利率改革是有必要的，只有利率政策与农村经济发展阶段相一致才能提高农村金融资源配置的效率并推动农村经济的发展。

二是积极推动农村金融市场增量改革。每一种政策都有其直接瞄准的目标，放宽农村地区金融机构市场准入则直接瞄准市场金融服务供给，对农户家庭贷款可得性的影响实际上非常复杂。政策短期或一次性地作用于农村金融市场可能并不会促进农户贷款可得性的提高，但政策长期、持续的作用必然转化为市场的供求反应：如果不考虑农户正规借贷需求的变化，农村金融供给增加、市场竞争加剧必将以不同的方式影响农户贷款可得性。充分利用各类资源积极推动农村金融市场增量改革、形成政策支持合力是有必要的，因此，建议进一步放宽新型农村金融机构在乡镇一级设立分支机构、营业网点的条件，加快完善农村金融服务网络，提高金融服务均等化水平，促进农村金融服务能力和水平持续提升。加快发展农村金融中介服务机构，充分发挥其在金融市场上良好的信号传递功能，从而降低信贷市场上的信息不对称程度，减小由不确定性所带来的放贷风险。同时，加快引导、鼓励更有效率的民间资本进入农村金融领域，增加市场供给，相比由政府主导的农村正规金融机构，依赖于农村经济发展并贴近农户需求的民间金融也具有重要作用。

三是推动建立农业贷款担保体系。进一步完善农户贷款抵押担保机制，探索符合农村实际情况并符合农户特点的抵押担保方式，鼓励多种信用担保机构进入农村市场，健全担保机制并提高担保效率。创新抵押担保方式，扩大金融担保抵押范围，探索农村住房、农产品、农业订单、农业生产工具以及无形资产等作为抵押品，积极推动农村抵押担保制度的创新发展，对抵押担保不足的农户，积极推进农户联保贷款，以增加其贷款满足程度。发展多元化的农户贷款担保体系，部分地区可建立由政府出资的政策性担保机构，还可将农村当地的"龙头企业""合作社"等引入农户贷款担保系统，实现"公司＋农户""合作社＋农户"的担保方式，有条件的地区还可以组建农业贷款担保企业为农户提供担保服务。

四是大力推进农村金融产品及服务创新。为满足农户正规借贷需求并更好地为农村经济发展提供多样化的综合性金融服务，农村正规金融机构可以适当增加农村消费性贷款项目，开发适合农村地区的系列消费信贷产品，如"购房建房"贷款等，拓宽农村金融服务领域，满足农户的消费借贷需求，刺激农村消费市场并进一步推动农村经济发展。新增一些农业贷款项目，根据农业生产周期大力创新农村信贷产品，重点支持具有一定规模的农业生产经营者，如在经济较发达地区可以开展"公司＋农户""订单农业"等贷款项目。根据各地农村经济发展水平及农业生产经营情况重新调整其发放的贷款规模，区别对待种地大户、养殖大户、特色农产品种植养殖户等的贷款需求，创新信贷产品，优化农村金融服务体系建设。

第二节 研究展望

本书对于农户正规借贷需求及其贷款可得性的分析，仅仅考察了农户个体特征、家庭支出（教育支出、医疗支出和生产经营支出）、家庭还款能力（房产等总折价、生产性固定资产总折价以及家庭总收入）等变量的作用，而忽略了农户的风险意识、风险态度、信用等级等因素的作用，这有待于进一步完善。对于农户贷款支付意愿的研究只是一个静态的分析，具有很多局限性，随着时间的推移，农户的选择将会发生改变，而这种改变的方向及其影响因素的研究对于预测未来农户贷款支付意愿的变化具有重要意义。

对于农户贷款利率改革的研究，现有文献大多集中于分析政策对农村金融机构的影响，特别是其本身的市场定位以及服务功能等问题，这些研究在一定程度上忽视了政策对农户家庭的影响。农户贷款利率改革、农村金融机构以及农户家庭之间存在怎样的逻辑关系？政策又如何作用于农户家庭？这是前人没有系统回答的问题。随着农村金融市场竞争的加剧，信贷市场供求双方的讨价还价能力可能发生改变，最终农村信贷市场贷款利率也会受到一定的影响，这种影响到底有多大，个体特征和家庭特征不同的农户受到的影响程度有什么差异，这些问题还有待进一步研究。此外，仅从利率改革出发分析农户贷款利率改革的效率问题并不全面，这只是农村金融问题研究中的很小一部分，其他各项农村金融改革政策的效率如何衡量，与农户贷款利率改革相比其效率如何，这些问题的回答需要把利率改革纳入到整个农村金融改革体系中进行分析。而对于这些问题的研究不仅有利于加深对政策利弊得失的认识，也有利于更加科学全面地评估现行农村金融改革政策。

对于农户贷款利率改革与农户经济福利的研究，已有文献主要从农户借贷行为、信贷约束、金融抑制等视角进行探讨，而农户贷款利率改革是否可以改善农户福利？对不同收入水平农户福利的作用效果是否存在差异？政策实施是否兼顾农村中低收入群体？由于受研究数据以及研究方法等各种因素的限制，尚未建立一个科学全面的分析框架来系统考察农户贷款利率改革对农户福利的影响。对于农户福利，本书将农户贷款作为一种普通商品，并基于消费者剩余法来测度农户主观福利，分析农户贷款利率改革对农户主观福利的影响，弥补了已有研究没有全面刻画农户主观属性的缺憾。虽然农户主观福利并不是实际收入的增加，只是一种心理感觉，但在市场经济中，满足消费者需要并增进其福利是市场经济的本质要求，因而消费者往往具有更大的发言权和影响力。而农户贷款利率改革对农户实际收入以及实际消费支出的影响仍有待于进一步研究。本书对利率改革前后农户经济福利变化的地区差别分析仅仅限于江苏、河南与甘肃三个地区，对于各地农户福利的差异也仅从资金供需方面来进行说明，而进一步的验证需要更多地区、更多样本的支持。此外，测算农户福利变动的结果表明，不是所有地区都可以通过利率改革来增进农民福利、改善农村金融市场非均衡，那么对于那些存在农村金融抑制但又无法通过利率改革增进福利的地方，我们应该选择什么样的方式来改善现状，这也是一个值得探讨的问题。

附 录（一）

以下为本书研究过程中所采用的部分调查问卷，限于篇幅，仅列出部分有代表性调研所采用的问卷。

问卷1 农户调查问卷（2010年）

调查人员：_____　　　　　　　问卷编码：_____
调查地点：_____市（县）_____乡镇_____村
调查日期：_____　　　　　　　农户电话：_____

第一部分

1. 农户贷款主要决策者个体家庭特征

（1）性别	①男　　②女
（2）年龄（周岁）	
（3）上了几年学？	
（4）家庭人口情况（人）	总人口数_____，需赡养人数_____
（5）是否是信用社社员	①是，加入年份：_____　②不是

2. 农户家庭其他特征

单位：元

项　目	2009年	2008年	2007年
（1）家庭经营土地总面积（亩）			

续表

项　　目	2009 年	2008 年	2007 年
（2）家庭农业总收入（元/年）			
（3）家庭非农总收入（元/年）			
（4）您家所有房屋价值多少？①≤1 万、②1 万～2 万、③2 万～5 万、④5 万～10 万、⑤10 万～20 万、⑥20 万～50 万、⑦>50 万			
（5）您家生产性固定资产（农机具、厂房等）价值多少？①≤500、②501～1000、③1001～2000、④2001～5000、⑤5001～1 万、⑥1 万～2 万、⑦2 万～5 万、⑧5 万～10 万、⑨10 万～20 万、⑩>20 万			
（6）您家生产经营总投入（种子、化肥、农药、种苗、饲料等）多少费用？①≤1000、②1001～2000、③2001～5000、④5001～1 万、⑤1 万～2 万、⑥2 万～5 万、⑦5 万～10 万、⑧10 万～20 万、⑨>20 万			

3. 农户家庭支出项目

项　　目	2010 年	2009 年	2008 年	2007 年
（1）您家有没有小孩正在上学（如中专、大专、大学或其他）需要一次性支付较大笔（3000 元及以上）的费用？				
（2）您家有没有需要花较多钱（需住院治疗）的患病者？				
（3）有没有发生其他支出较大笔资金的项目？（注明）				

选项：①有、②没有

4. 农户家庭保险购买情况

（1）您家有没有购买过商业保险？	①有	②没有
（2）您家有没有参加合作医疗保险？	①有	②没有
（3）您家有没有购买过农业保险？	①有	②没有
（4）您家在决定是否购买或参与某类保险之前，会看哪些人的购买情况再做决定？①干部买没买、②亲戚朋友买没买、③村里大多数人买没买、④自己家决定，不受别人影响		

5. 您家的居住地距离比较近且方便的农村信用社（乡镇政府）_____里。其中，居住地距离去农村信用社的乘车点（自行车、电动车、摩托车等可到达的地方）_____里，乘车点至农村信用社（乡镇政府）的公路是_____（①泥结碎石或土路、②沙石路面、③沥青碎石路面、④沥青或水泥混凝土）

第二部分

1. 以下内容是农村信用社的主要经营业务、贷款种类以及贷款方式，请选择你们所知道的项目（多选）

（1）经营业务	①存款业务	②贷款业务	③结算业务
（2）贷款种类	①农户小额信用贷款 ④农村工商业贷款	②农户联保贷款 ⑤农户的生活、消费贷款	③助学贷款 ⑥农业经济组织贷款
（3）贷款方式	①信用贷款 ③抵押贷款	②保证贷款（主要是联户联保和担保的方式） ④质押贷款	⑤票据贴现

2. 对贷款条件及贷款程序的了解程度

（1）您家对农村信用社的贷款条件和申请程序了解吗？	①不太了解	②一般	③比较了解
（2）您认为农村信用社的小额信用贷款需要抵押吗？	①需要	②不需要	③不知道
（3）您认为农村信用社的小额信用贷款需要担保吗？	①需要	②不需要	③不知道
（4）您认为农村信用社的农户联保贷款需要抵押吗？	①需要	②不需要	③不知道
（5）您认为农户联保贷款需要参与的农户互相担保吗？	①需要	②不需要	③不知道
（6）您认为农户联保贷款需要承担还贷连带责任吗？	①需要	②不需要	③不知道
（7）您家有农村信用社发放的小额信用贷款的信用卡吗？	①有	②没有	③不知道

3. 农户家庭社会关系

（1）您家是否有家人、亲戚或关系较好的人在政府部门任职？	①是	②否
（2）您家是否有家人、亲戚或关系较好的人担任村干部？	①是	②否
（3）您家是否有家人、亲戚或认识的人在银行、信用社或钱庄等行业工作？	①是	②否
（4）您家是否有家人、亲戚或关系较好的人从事其他较稳定的非农工作，如单位职员、教师、技术工、包工头、做生意、运输等？	①是	②否

4. 2008~2010年农户借款行为表（只要农户借过款，无论借到与否均计入其中）

A. 年份	B. 预借金额（万元）	C. 实借金额（万元）	D. 月息（％）	E. 期限（月）	F. 借款渠道	G. 借款用途	H. 借款方式	I. 解决方法	J. 是否发生重大事件

F. 借款渠道：①农村信用社、②银行等其他正规金融机构、③亲戚朋友、④民间金融组织、⑤其他

G. 借款用途：①种植、②养殖、③非农生产、④食品、⑤其他消费品、⑥教育、⑦医疗、⑧房屋、⑨婚嫁、⑩其他

H. 借款方式：①小额信用贷款、②联保、③抵押、④担保、⑤质押、⑥扶贫、⑦其他

I. 解决方法：指实借金额小于预借金额时，农户为获取资金所采取的解决方法。
①找农村信用社借
②银行等其他正规金融机构
③到其他民间金融机构去贷款（如地下钱庄、互助会、高利贷等）
④找其他亲戚朋友借
⑤其他办法（如变卖家中物品、粮食等）
⑥没有办法

J. 发生重大事件：指借款前一年内发生过（或借款时预计将来不久会发生）婚丧嫁娶、生病、上学、购买较大型农机具等需要支付较大金额的大事，①是、②否

5. 对向"农村信用社"申请贷款，且"实借金额小于预借金额"的农户续

附　录（一）

问：当你们给信用社的贷款申请没被批准（或在信用社实际借到的金额未获得满足）时，如果出更高的利息就能贷到足够多的款，你们愿意吗

①愿意　　　　②不愿意

6. 对没有向"农村信用社"申请过贷款的农户续问：你们为什么没有向农村信用社申请贷款

①申请了也贷不到

②手续太复杂，或审批时间太长

③担心借了还不了

④信用社贷款利息太高

⑤其他

7. 为什么申请了也贷不到

①与信贷员不熟，家里没什么关系

②不是信用合作社社员，不好贷

③信贷员觉得我们家经济条件一般，他们愿意把钱贷给相对富裕的家庭

④有信用社的贷款超期没还

⑤家里的确太穷，以及其他原因

第三部分

一直以来，为了支持农村农业发展、扶持农民增收，农村信用社所实行的人民币贷款利率均控制在相对较低的水平上，2004 年 10 月底至今，农村信用社的贷款利率的浮动区间一直定位于基准利率的 0.9～2.3 倍；为了解决农户贷款缺乏抵押品的问题，农村信用社推出了依靠信用与联保的农户小额信用贷款和农户联保贷款。但是仅从农村信用社的贷款供给角度去努力是不够的，我们仍需要了解您以及您的家庭对贷款利率的看法。

表格问法示范：

1. 初始规模与初始利率的选择

假如你们只要向农村信用社提出了申请就可以获得贷款，那么，按照你们家现在的生产与消费情况，一年大概需要借款（贷款）多少元？在下表中的"农户贷款规模"项中选择相应的贷款规模编号并填入相应的"初始规模"空格中。

在该借款规模下，你们家愿意支付的贷款年利率（月利率）是多少？将回答填入下表中与农户"初始规模"相应的"初始利率"项中。

2. 农户贷款支付意愿（WTP）

以农户的"初始利率"为询问的基础，询问农户：如果利率比您刚才回答的贷款利率高 1%（或月利率高 0.1%），您还愿意贷吗？

如果回答"愿意",对该类农户,(1)首先询问农户在该利率下愿意贷款的具体贷款规模,并将该次询问的贷款利率与农户回答的相应的贷款规模填入下表的"A"栏中的"利率"与"规模"项中。重复上面的询问,每次询问的贷款利率均比上次增加1%(或月利率高0.1%),直至农户认为利率太高而放弃贷款为止。(2)再以"初始利率"为基础,询问:如果利率比您最初回答的贷款利率低1%(或月利率低0.1%),您愿意贷多少(贷款规模)?将询问的贷款利率与农户回答的贷款规模填入下表的"B"栏中的"利率"与"规模"项中,重复询问,每次询问的贷款利率均比上次减少1%(或月利率低0.1%),直到贷款年利率已低至5%(过低不具有实际意义)为止。

如果回答"不愿意",则直接询问(2)。

贷款期限	农户贷款规模(元)	初始规模与初始利率的选择		A:初始利率以1%(或月利率0.1%)的增幅逐渐上升时的WTP		B:初始利率以1%(或月利率0.1%)的幅度逐渐下降时的WTP	
		初始规模	初始利率	利率	规模	利率	规模
1年及以内(一般农户贷款都以1年为期)	A. 2000以下						
	B. 2000~5000						
	C. 5000~10000						
	D. 1万~2万						
	E. 2万~5万						
	F. 5万~10万						
	G. 10万~15万						
	H. 15万~20万						
	I. 20万~50万						
	J. 50万以上						

问卷2 农村信用社调查问卷(2010年)

调查人员:_____ 问卷编码:_____
调查地点:_____市(县)_____乡镇_____村

调查日期：_____ 农信社电话：_____

第一部分 农村信用社基本信息

项　目＼乡镇农村信用社				
信用社总成本（元/年）				
贷款总规模（万元/年）				
贷款总笔数（笔/年）				
农户贷款总笔数（笔/年）				
农户贷款的平均额度（元/年）				
其他贷款（除农户贷款）的平均额度（元/年）				
农户贷款平均年利率（%）				
其他贷款（除农户贷款）平均年利率（%）				
平均存款年利率（%）				

第二部分 农信社服务范围（乡镇）基本情况

项　目＼范围（乡镇）				
总人口（人）				
农业人口（人）				
土地面积（公顷）				
耕地面积（公顷）				
农业总产值（万元）				
农村人均纯收入（元）				

问卷 3 农户补充调查问卷（2014 年）

调查人员：_____ 问卷编码：_____
调查地点：_____市（县）_____乡镇_____村

调查日期：_____   农户电话：_____

第一部分　户主及家庭基本信息

1. 户主性别：1＝男，0＝女
2. 户主年龄：_____周岁
3. 户主教育程度：1＝未上学，2＝小学，3＝初中，4＝高中，5＝大学及以上
4. 户主是否村干部：1＝是，0＝否
5. 户主是否中共党员：1＝是，0＝否
6. 家庭总人口数共_____人，其中，家庭劳动力共_____人，儿童共_____人。
7. 家庭年收入共_____万元，其中，非农收入共_____万元。
8. 家庭住房净值_____万元。
9. 家庭生产性固定资产（农机具、厂房等）净值_____万元。
10. 家庭经营土地面积共_____亩。
11. 家庭年生产经营总投入共_____万元。
12. 家庭所在乡镇有以下哪些营业网点：①农村信用社（农村商业银行）、②农业银行、③邮储银行、④村镇银行、⑤其他商业银行（请注明）_____、⑥贷款公司、⑦资金互助社、⑧高利贷、⑨其他（请注明）_____

第二部分　农户借贷基本信息

自2013年1月1日以来农户借款情况（只要农户借过款，无论借到与否均计入）：

借款时间	预借金额（万元）	实借金额（万元）	借款年息（％）	手续费（元）	借款期限（月）	借款渠道	借款方式	还款方式	借款用途

借款渠道：①农村信用社（农村商业银行）、②农业银行、③邮储银行、④村镇银行、⑤其他商业银行（请注明）、⑥贷款公司、⑦资金互助社、⑧亲戚朋友、⑨高利贷、⑩网贷、⑪其他（请注明）

借款方式：①小额信用贷款、②农户联保贷款、③抵押贷款、④担保贷款、⑤质押贷款、⑥扶贫小额贷款、⑦助学贷款、⑧无息或低息贷款、⑨其他（请注明）

还款方式：①按月付息，到期还本；②按月等额还本付息；③到期还本付息；④不约定；⑤其他

借款用途（可多选）：①种植、②养殖、③非农生产、④食品、⑤其他消费品、⑥教育（子女上学）、⑦医疗（看病）、⑧修建房屋、⑨婚丧嫁娶、⑩人情往来、⑪转借他人、⑫应急（借款用于应对突发事件）

附 录（二）

中国人民银行关于扩大金融机构贷款利率浮动区间有关问题的通知

银发〔2003〕250号

中国人民银行各分行、营业管理部、各政策性银行、国有独资商业银行、股份制商业银行，国家邮政局邮政储汇局：

为稳步推进利率市场化改革，进一步改善金融服务，营造公平竞争的市场环境，经国务院批准，中国人民银行决定扩大金融机构贷款利率浮动区间，同时下调金融机构超额准备金存款利率。现就有关事宜通知如下：

一、扩大金融机构贷款利率浮动区间

（一）自2004年1月1日起，扩大金融机构贷款利率浮动区间。贷款利率浮动区间不再根据企业所有制性质、规模大小分别制定。商业银行、城市信用社贷款利率浮动区间扩大到［0.9，1.7］，即商业银行、城市信用社对客户贷款利率的下限为基准利率乘以下限系数0.9，上限为基准利率乘以上限系数1.7；农村信用社贷款利率浮动区间扩大到［0.9，2］，即农村信用社贷款利率下限为基准利率乘以下限系数0.9，上限为基准利率乘以上限系数2。

个人住房贷款、政策性银行贷款、优惠贷款及国务院另有规定的贷款，利率不上浮。

（二）各金融机构要加强贷款风险管理，根据新的贷款利率浮动区间完善贷款利率浮动管理办法和贷款风险定价制度，并报中国人民银行备案。国有独资商业银行和股份制商业银行报送中国人民银行总行；城市（农村）商业银行、城

乡信用社和开办人民币贷款业务的外资银行（有主报告行的，由其主报告行）报送中国人民银行所在地分行、营业管理部。报送的截止时间为2003年12月31日。

各金融机构要按季将本系统各期限贷款的最高利率、最低利率和加权平均利率等贷款利率浮动情况，于季后首月10日前报送人民银行。有关贷款利率备案的具体事项另行通知。

二、下调超额准备金存款利率

（一）自2003年12月21日起，金融机构在人民银行的超额准备金存款利率由现行年利率1.89%下调到1.62%，法定准备金存款利率维持1.89%不变。

金融机构同业存款利率最高不超过超额准备金存款利率；住房资金管理中心在委托银行专户中的沉淀资金，比照超额准备金存款利率相应下调。

在邮政体制改革整体方案出台前，邮政储蓄新增存款转存人民银行的部分，暂按法定准备金存款利率执行。

（二）对金融机构法人法定准备金存款和超额准备金存款按不同利率计息的会计处理，由会计核算系统自动完成。人民银行会计核算系统换版的具体事项另行通知。

人民银行各分行（营业管理部）要将本文及时转发至辖区内城市（农村）商业银行、城乡信用社及开办人民币贷款业务的外资银行等金融机构，并加强对辖区内贷款利率的监测、分析和管理，维护正常的金融市场秩序。

中国人民银行
二〇〇三年十二月十日

中国人民银行关于调整金融机构存、贷款利率的通知

银发〔2004〕251号

中国人民银行各分行、营业管理部，各省会（首府）城市中心支行、深圳市中心支行，政策性银行、国有独资商业银行、股份制商业银行，国家邮政局邮政储汇局：

中国人民银行决定，从2004年10月29日起上调金融机构存、贷款基准利率，同时放宽金融机构贷款利率浮动区间并允许存款利率下浮。现就有关事宜通知如下：

一、调整金融机构存、贷款利率

（一）上调存款利率。其中金融机构一年期存款利率由现行的1.98%提高到2.25%，上调0.27个百分点。其他各档次存款利率也相应调整。

（二）上调贷款利率。其中一年期贷款利率由现行的5.31%提高到5.58%，上调0.27个百分点。其他各档次贷款利率也相应调整。

（三）适当上调个人住房公积金贷款利率和商业银行自营性个人住房贷款利率。

（四）相应上调政策性金融债（非市场化发行部分）利率，其中八年期由现行的4.77%上调为4.95%。

（五）人民银行对金融机构的贷款利率、存款准备金利率和超额准备金存款利率保持不变。

（六）相应上调各项优惠贷款利率。优惠贷款利差补贴标准和补贴办法不变。

二、放宽金融机构贷款利率浮动区间，允许存款利率下浮

（一）金融机构（城乡信用社除外）贷款利率不再设定上限。商业银行贷款和政策性银行按商业化管理的贷款，其利率不再实行上限管理，贷款利率下浮幅度不变。

城市信用社和农村信用社贷款利率仍实行上限管理，最大上浮系数为贷款基准利率的2~3倍，贷款利率下浮幅度不变。

个人住房贷款、优惠贷款及国务院另有规定的贷款，利率不上浮。

（二）建立人民币存款利率下浮制度。金融机构以人民银行规定的人民币存

款基准利率为上限,实行存款利率下浮制度。即人民币存款利率下限为0,上限为各档次存款基准利率。以调整后的一年期存款利率(2.25%)为例,金融机构可在0~2.25%的区间内自主确定一年期存款利率。存款利率不能上浮。

存款利率实行下浮制度的范围包括金融机构吸收的企事业单位人民币存款、城乡居民人民币储蓄存款。

建立存款利率下浮制度后,金融机构可根据其自身经营状况,自主确定实行存款利率下浮的具体水平和时机,并报人民银行备案。同时,要制定和完善相应的管理办法,并做好对外宣传工作。

人民银行各分行、营业管理部、省会(首府)城市中心支行、深圳市中心支行要将本通知及时转发至辖区内城市(农村)商业银行、城乡信用社及开办人民币存、贷款业务的外资银行等金融机构,并督促按时执行。同时,对利率调整后各方面的反应和有关问题进行调研,并及时上报人民银行总行货币政策司。

中国人民银行
二〇〇四年十月二十八日

中国人民银行关于下调金融机构人民币存贷款基准利率和调整存贷款利率浮动区间的通知

银发〔2012〕142号

中国人民银行上海总部,各分行、营业管理部,各省会(首府)城市中心支行、深圳市中心支行,国家开发银行,各政策性银行、国有商业银行、股份制商业银行,中国邮政储蓄银行,各金融资产管理公司:

中国人民银行决定,从2012年6月8日起下调金融机构人民币存贷款基准利率,同时调整存贷款利率浮动区间。现就有关事宜通知如下:

一、调整金融机构存、贷款基准利率。

(一)下调金融机构人民币存款基准利率。其中,一年期存款利率由现行的3.5%下调至3.25%,下调0.25个百分点;其他各档次存款利率相应调整。

(二)下调金融机构人民币贷款基准利率。其中,一年期贷款利率由现行的6.56%下调至6.31%,下调0.25个百分点;其他各档次贷款利率相应调整。

(三)下调个人住房公积金贷款利率。其中,五年期以下由现行的4.45%下调至4.2%,下调0.25个百分点;五年期以上由现行的4.9%下调至4.7%,下调0.2个百分点。

(四)下调民族贸易和民族用品生产贷款利率,由现行的3.68%下调至3.43%,下调0.25个百分点。

二、调整金融机构存贷款利率浮动区间。

(一)允许金融机构存款利率上浮,存款利率浮动区间由基准利率的(0,1]倍调整为(0,1.1]倍。以一年期存款利率为例,存款基准利率调整后,金融机构可在0~3.575%的区间内自主确定一年期存款利率。

(二)放宽金融机构贷款利率浮动区间,贷款利率下限由基准利率的0.9倍调整为0.8倍。个人住房贷款利率浮动区间的下限仍为基准利率的0.7倍。

三、金融机构要积极适应存贷款利率浮动区间的调整,强化财务硬约束和利率风险管理,完善定价机制建设,提高差异化服务水平,用好浮动定价权限,做好对客户的宣传解释工作,尊重消费者自主选择权,合理确定存贷款利率,自觉维护良好的竞争秩序。存款方面,要特别注重统筹资产负债经营策略,加强主动负债管理,强化成本约束;贷款方面,要科学评估贷款风险,稳妥处理合同关系。要制定和完善贯彻利率政策的实施办法,确保内部管理措施的有效落实。相关制度办法要及时报人民银行备案。

四、人民银行上海总部、各分行（营业管理部）、省会（首府）城市中心支行、深圳市中心支行要将本通知立即转发至辖内城市（农村）商业银行、农村合作银行、城乡信用社、开办人民币存、贷款业务的外资银行等金融机构及住房公积金管理中心，并督促按时执行。要加强对辖内金融机构利率政策执行情况的监测和指导，做好对利率竞争秩序的规范和引导；在继续做好存贷款利率监测报备工作的同时，建立存款浮动情况的监测制度，全面掌握辖内金融机构利率政策执行情况；要做好对辖内社会各界关于利率政策的宣传、解释和培训工作，确保基准利率及利率浮动区间调整工作的平稳实施。

五、国家开发银行、各政策性银行、国有商业银行、股份制商业银行、中国邮政储蓄银行要将本通知立即转发至各分支机构（发起人银行业金融机构还要将本通知立即转发至参与设立的村镇银行），保证此次利率调整工作按时完成。

六、对利率调整后各方面的反应及出现的新情况、新问题要及时处理并上报人民银行总行。（传真010－66012765）

中国人民银行
二〇一二年六月七日

中国人民银行关于进一步推进利率市场化改革的通知

银发〔2013〕180号

中国人民银行上海总部,各分行、营业管理部,各省会(首府)城市中心支行、深圳市中心支行,国有商业银行、股份制商业银行,中国邮政储蓄银行,各金融资产管理公司:

为进一步推进利率市场化改革,经国务院批准,中国人民银行决定,自2013年7月20日起全面放开金融机构贷款利率管制。现就有关事宜通知如下:

一、全面放开金融机构贷款利率管制

取消金融机构贷款利率0.7倍的下限,由金融机构根据商业原则自主确定贷款利率水平。个人住房贷款利率浮动区间不作调整,仍保持原区间不变,继续严格执行差别化的住房信贷政策。

取消票据贴现利率管制,改变贴现利率在再贴现利率基础上加点确定的方式,由金融机构自主确定。

取消农村信用社贷款利率2.3倍的上限,由农村信用社根据商业原则自主确定对客户的贷款利率。

二、金融机构要积极适应贷款利率的市场化定价方式,以市场供求为基础,结合期限、信用等风险因素合理确定贷款利率。完善定价机制建设,提高差异化服务水平,稳妥处理合同关系,保证贷款正常发放。强化财务硬约束和利率风险管理,确保内部管理措施的有效落实。相关制度办法要及时报人民银行备案。

三、人民银行上海总部、各分行(营业管理部)、省会(首府)城市中心支行、深圳市中心支行要将本通知立即转发至辖区内城市(农村)商业银行、农村合作银行、农村信用社、开办人民币存、贷款业务的外资银行等金融机构,做好相关指导工作。

四、对全面放开贷款利率管制后各方面的反应及出现的新情况、新问题要及时处理并上报人民银行总行。

中国人民银行
2013年7月19日

中国人民银行关于下调金融机构人民币存贷款基准利率并扩大存款利率浮动区间的通知

银发〔2015〕61号

中国人民银行上海总部,各分行、营业管理部,各省会(首府)城市中心支行、深圳市中心支行,国家开发银行,各政策性银行、国有商业银行、股份制商业银行,中国邮政储蓄银行,各金融资产管理公司:

中国人民银行决定,从2015年3月1日起下调金融机构人民币存贷款基准利率,并进一步扩大存款利率浮动区间。现就有关事宜通知如下:

一、调整金融机构贷款及存款基准利率

(一)下调金融机构人民币贷款基准利率。其中,一年期贷款利率由现行的5.6%下调至5.35%,下调0.25个百分点;其他各档次贷款利率相应调整。

(二)下调金融机构人民币存款基准利率。其中,一年期存款利率由现行的2.75%下调至2.5%,下调0.25个百分点;其他各档次存款利率相应调整。活期存款利率保持不变。

(三)下调个人住房公积金存贷款利率。其中,当年归集的个人住房公积金存款利率维持0.35%不变;上年结转的个人住房公积金存款利率由现行的2.35%下调至2.1%,下调0.25个百分点。五年期以下(含五年)贷款利率由现行的3.75%下调至3.5%,下调0.25个百分点;五年期以上贷款利率由现行的4.25%下调至4%,下调0.25个百分点。

二、扩大金融机构存款利率浮动区间。存款利率浮动区间的上限由基准利率的1.2倍调整为1.3倍。金融机构可在上限范围之内自主确定对客户的存款利率水平。

三、金融机构应坚持服务实体经济的理念,认真执行利率调整和改革政策,要根据基准利率的调整,并结合信用、期限等因素,相应调整对客户的贷款利率水平,切实降低企业融资成本。要根据利率市场化改革的要求,切实完善存款定价机制建设,结合成本、风险等因素合理确定存款利率水平。要妥善处理合同关系,做好对客户的宣传解释工作。要强化财务硬约束和利率风险管理,自觉维护良好的市场竞争秩序。

四、人民银行上海总部、各分行(营业管理部)、省会(首府)城市中心支行、深圳市中心支行要将本通知立即转发至辖区内城市(农村)商业银行、农村合作银行、农村信用社、开办人民币存贷款业务的外资银行等金融机构及住房公积金管理中心，并督促其按时执行。

五、国家开发银行、各政策性银行、国有商业银行、股份制商业银行、中国邮政储蓄银行要将本通知立即转发至各分支机构（发起人银行业金融机构还要将本通知立即转发至参与设立的村镇银行），保证此次利率调整工作按时完成。

六、对利率调整后各方面的反应及出现的新情况、新问题要及时处理并上报人民银行总行。

中国人民银行
2015 年 2 月 28 日

中国银行业监督管理委员会关于调整放宽农村地区银行业金融机构准入政策 更好支持社会主义新农村建设的若干意见

银监发〔2006〕90号

各银监局,各政策性银行、国有商业银行、股份制商业银行、金融资产管理公司,国家邮政局邮政储汇局,各省(自治区、直辖市)农村信用社联合社,北京、上海农村商业银行,天津农村合作银行,银监会直接监管的信托投资公司、财务公司、金融租赁公司:

为解决农村地区银行业金融机构网点覆盖率低、金融供给不足、竞争不充分等问题,中国银行业监督管理委员会按照商业可持续原则,适度调整和放宽农村地区银行业金融机构准入政策,降低准入门槛,强化监管约束,加大政策支持,促进农村地区形成投资多元、种类多样、覆盖全面、治理灵活、服务高效的银行业金融服务体系,以更好地改进和加强农村金融服务,支持社会主义新农村建设。现就调整放宽农村地区银行业金融机构准入政策有关问题提出如下意见:

一、适用范围和原则

本意见适用于中西部、东北和海南省的县(市)及县(市)以下地区,以及其他省(区、市)的国定贫困县和省定贫困县(以下统称农村地区)。

农村地区银行业金融机构准入政策调整涉及面广,要积极、稳妥地开展这项工作,按照"先试点,后推开;先中西部,后内地;先努力解决服务空白问题,后解决竞争不充分问题"的原则和步骤,在总结经验的基础上,完善办法,稳步推开。首批试点选择在四川、青海、甘肃、内蒙古、吉林、湖北6省(区)的农村地区开展。

二、准入政策调整和放宽的具体内容

(一)放开准入资本范围。积极支持和引导境内外银行资本、产业资本和民间资本到农村地区投资、收购、新设以下各类银行业金融机构:一是鼓励各类资本到农村地区新设主要为当地农户提供金融服务的村镇银行。二是农村地区的农民和农村小企业也可按照自愿原则,发起设立为入股社员服务、实行社员民主管理的社区性信用合作组织。三是鼓励境内商业银行和农村合作银行在农村地区设立专营贷款业务的全资子公司。四是支持各类资本参股、收购、重组现有农村地区银行业金融机构,也可将管理相对规范、业务量较大的信用代办站改造为银行业金融机构。五是支持专业经验丰富、经营业绩良好、内控管理能力强的商业银行和农村合作银行到农村地区设立分支机构,鼓励现有的农村合作金融机构在本机构所在地辖内的乡(镇)和行政村增设分支机构。

上述新设银行业法人机构总部原则上设在农村地区,也可以设在大中城市,但其具备贷款服务功能的营业网点只能设在县(市)或县(市)以下的乡(镇)和行政村。农村地区各类银行业金融机构,尤其是新设立的机构,其金融服务必须能够覆盖机构所在地辖内的乡(镇)或行政村。

对在农村地区设立机构的申请,监管机构可在同等条件下优先审批。股份制商业银行、城市商业银行在农村地区设立分支机构,且开展实质性贷款活动的,不占用其年度分支机构设置规划指标,并可同时在发达地区优先增设分支机构;国有商业银行、股份制商业银行、城市商业银行在大中城市新设立分支机构的,原则上应在新设机构所在地辖内的县(市)、乡(镇)或行政村也相应设立分支机构。

(二)调低注册资本,取消营运资金限制。根据农村地区金融服务规模及业务复杂程度,合理确定新设银行业金融机构注册资本。一是在县(市)设立的村镇银行,其注册资本不得低于人民币300万元;在乡(镇)设立的村镇银行,其注册资本不得低于人民币100万元。二是在乡(镇)新设立的信用合作组织,其注册资本不得低于人民币30万元;在行政村新设立的信用合作组织,其注册资本不得低于人民币10万元。三是商业银行和农村合作银行设立的专营贷款业务的全资子公司,其注册资本不得低于人民币50万元。四是适当降低农村地区现有银行业金融机构通过合并、重组、改制方式设立银行业金融机构的注册资本,其中,农村合作银行的注册资本不得低于人民币1000万元,以县(市)为单位实施统一法人的机构,其注册资本不得低于人民币300万元。

取消境内银行业金融机构对在县(市)、乡(镇)、行政村设立分支机构拨付营运资金的限额及相关比例的限制。

(三)调整投资人资格,放宽境内投资人持股比例。适当调整境内企业法人向农村地区银行业法人机构投资入股的条件。境内企业法人应具备良好诚信记录、上一年度盈利、年终分配后净资产达到全部资产的10%以上(合并会计报表口径)、资金来源合法等条件。

资产规模超过人民币50亿元,且资本充足率、资产损失准备充足率以及不良资产率等主要审慎监管指标符合监管要求的境内商业银行、农村合作银行，可以在农村地区设立专营贷款业务的全资子公司。

村镇银行应采取发起方式设立，且应有1家以上（含1家）境内银行业金融机构作为发起人。适度提高境内投资人入股农村地区村镇银行、农村合作金融机构持股比例。其中，单一境内银行业金融机构持股比例不得低于20%，单一自然人持股比例、单一其他非银行企业法人及其关联方合计持股比例不得超过10%。任何单位或个人持有村镇银行、农村合作金融机构股份总额5%以上的，应当事先经监管机构批准。

（四）放宽业务准入条件与范围。在成本可算、风险可控的前提下，积极支持农村地区银行业金融机构开办各类银行业务，提供标准化的银行产品与服务。鼓励并扶持农村地区银行业金融机构开办符合当地客户合理需求的金融创新产品和服务。农村地区银行业法人机构的具体业务准入实行区别对待，因地制宜，由当地监管机构根据其非现场监管及现场检查结果予以审批。

充分利用商业化网络销售政策性金融产品。在农村地区特别是老少边穷地区，要充分发挥政策性银行的作用。在不增设机构网点和风险可控的前提下，政策性银行要逐步加大对农村地区的金融服务力度，加大信贷投入。鼓励政策性银行在农村地区开展业务，并在平等自愿、诚实信用、等价有偿、优势互补原则基础上，与商业性银行业金融机构开展业务合作，适当拓展业务空间，加大政策性金融支农服务力度。

鼓励大型商业银行创造条件在农村地区设置ATM机，并根据农户、农村经济组织的信用状况向其发行银行卡。支持符合条件的农村地区银行业金融机构开办银行卡业务。

（五）调整董（理）事、高级管理人员准入资格。一是村镇银行的董事应具备与拟任职务相适应的知识、经验及能力，其董事长、高级管理人员应具备从事银行业工作5年以上，或者从事相关经济工作8年以上（其中从事银行业工作2年以上）的工作经验，具备大专以上（含大专）学历。二是在乡（镇）、行政村设立的信用合作组织，其高级管理人员应具备高中或中专以上（含高中或中专）学历。三是专营贷款业务的全资子公司负责人，由其投资人自行决定，事后报备当地监管机构。四是取消在农村地区新设银行业金融机构分支机构高级管理人员任职资格审查的行政许可事项，改为参加从业资格考试合格后即可上岗。五是村镇银行、信用合作组织、专营贷款业务的全资子公司，可根据本地产业结构或信贷管理的实际需要，在同等条件下，适量选聘具有农业技术专长的人员作为其董（理）事、高级管理人员，或从事信贷管理工作。

（六）调整新设法人机构或分支机构的审批权限。上述准入政策调整范围内的银行业法人机构设立,分为筹建和开业两个阶段。其筹建申请,由银监分局受理,银监局审查并决定;开业申请,由银监分局受理、审查并决定。在省会城市所辖农村地区设立银行业法人机构的,由银监局受理、审查并决定。

其筹建行政许可事项,其筹建方案应事前报当地监管机构备案(设监管办事处的,报监管办事处备案)。其开业申请,由银监分局受理、审查并决定;未设银监分局的,由银监局受理、审查并决定。

上述法人机构及其分支机构的金融许可证,由决定机关颁发。

(七)实行简洁、灵活的公司治理。农村地区新设的各类银行业金融机构,应针对其机构规模小、业务简单的特点,按照因地制宜、运行科学、治理有效的原则,建立并完善公司治理,在强化决策过程的控制与管理、缩短决策链条、提高决策经营效率的同时,要加强对高级管理层履职行为的约束,防止权力的失控。一是新设立或重组的村镇银行,可只设董事会,并由董事会行使对高级管理层的监督职能。董事会可不设或少设专门委员会,并可视需要设立相应的专门管理小组或岗位,规模微小的村镇银行,其董事长可兼任行长。二是信用合作组织可不设理事会,由其社员大会直接选举产生经营管理层,但应设立由利益相关者组成的监事会。三是专营贷款业务的全资子公司,其经营管理层可由投资人直接委派,并实施监督。

农村地区新设银行业金融机构,要科学设置业务流程和管理流程,精简设置职能部门,提高效率,降低成本,实现高效、安全、稳健运作。

村镇银行、信用合作组织以及专营贷款业务的全资子公司的管理办法另行制定。

外资金融机构除执行《中华人民共和国外资银行管理条例》(中华人民共和国国务院令第478号)和《境外金融机构投资入股中资金融机构管理办法》(中国银行业监督管理委员会令2003年第6号)等法律、法规外,在农村地区的其他准入政策适用本意见。

三、主要监管措施

(一)坚持"低门槛、严监管"的原则,实施审慎监管。要强化对农村地区新设银行业法人机构资本充足率、资产损失准备充足率、不良资产率及单一集团客户授信集中度的持续、动态监管。农村地区新设银行业法人机构必须执行审慎、规范的资产分类制度,在任何时点,其资本充足率不得低于8%,资产损失准备充足率不得低于100%,内部控制、贷款集中、资产流动性等应严格满足审慎监管要求。村镇银行不得为股东及其关联方提供贷款。

(二)根据农村地区新设银行业法人机构的资本充足状况及资产质量状况,

适时采取差别监管措施。一是对资本充足率大于8%、不良资产率在5%以下的,监管机构可适当减少对其现场检查的频率或范围,支持其稳健发展。二是对资本充足率低于8%、大于4%的,要督促其限期提高资本充足率,并加大非现场监管及现场检查的力度,适时采取限制资产增长速度、固定资产购置、分配红利和其他收入、增设分支机构、开办新业务以及要求其降低风险资产规模等措施,督促其限期进行整改。三是对限期达不到整改要求、资本充足率下降至4%、不良资产率高于15%的,可适时采取责令其调整高级管理人员、停办所有业务、限期重组等措施。四是在限期内仍不能有效实现减负重组、资本充足率降至2%以下的,应适时接管、撤销或破产。

对专营贷款业务的全资子公司,应主要实施合规监管,并与其母公司实施并表监管。

(三)引导和监督新设银行业法人机构的资金投向。原则上,信用合作组织应将其资金全部用于社员,确有资金富余的,可存放其他银行业金融机构或购买政府债券、金融债券。对新设立的信用合作组织,只要其管理规范,诚实守信,运行良好,其他银行业金融机构可根据其实际需要予以融资支持。鼓励农村地区其他新设银行业金融机构在兼顾当地普惠性和商业可持续性的前提下,将其在当地吸收的资金尽可能多地用于当地。对确已满足当地农村资金需求的,其富余资金可用于购买中国农业发展银行发行的金融债券,或通过其他合法渠道向"三农"融资。

(四)建立农村地区银行业金融机构支农服务质量评价考核体系。一是农村地区银行业金融机构应制定满足区域内农民、农村经济对金融服务需求的信贷政策,并结合当地经济、社会发展的实际情况,制定明确的服务目标,保证其贷款业务辐射一定的地域和人群。二是银行业金融机构应根据在农村地区开展贷款业务的特点,积极开展制度创新,构建正向激励约束机制,建立符合"三农"实际的贷款管理制度,培育与社会主义新农村建设相适应的信贷文化。三是监管机构应建立对农村地区银行业金融机构的支农服务质量考核体系,并将考核结果作为对该机构综合评价、行政许可以及高级管理人员履职评价的重要内容,促进农村地区银行业金融机构安全稳健经营,满足农村地区的有效金融需求。

中国银行业监督管理委员会
二〇〇六年十二月二十日

中国银监会关于扩大调整放宽农村地区银行业金融机构准入政策试点工作的通知

银监发〔2007〕78号

各银监局,各政策性银行、国有商业银行、股份制商业银行、金融资产管理公司,邮政储蓄银行,各省级农村信用联社,北京、上海、深圳农村商业银行,天津农村合作银行,银监会直接监管的信托公司、财务公司、金融租赁公司:

按照《关于调整放宽农村地区银行业金融机构准入政策更好支持社会主义新农村建设的若干意见》(银监发〔2006〕90号,以下简称《若干意见》)精神,内蒙古、吉林等6省(区)开展了新型农村金融机构试点工作,目前整体工作进展顺利,并取得初步成效。为进一步解决农村地区银行业金融机构网点覆盖率低、金融供给不足、竞争不充分问题,积极探索建立适应"三农"特点的村镇银行、贷款公司和农村资金互助社等新型农村金融机构,不断提高农村金融服务质量和水平,经国务院同意,现就扩大调整放宽农村地区银行业金融机构准入政策试点范围有关事项通知如下。

一、扩大试点范围

调整放宽农村地区银行业金融机构准入政策试点范围由内蒙古、吉林、湖北、四川、甘肃、青海6个省(区),扩大至全国31个省(区、市)的银行业金融机构网点覆盖率低、金融供给不足、竞争不充分的县(市)及县(市)以下地区。

试点省(区、市)要按照"先试点、后推开;先努力解决服务空白问题、后解决竞争不充分问题"的原则,参照《中国银行业农村金融服务分布图集》反映的农村金融服务充分状况,筛选确定试点初选地区,商地方政府同意并报银监会确认后,组织开展试点工作。各省(区、市)先选择1~2家机构进行试点,待取得经验后再逐步推开。

二、扩大试点原则

扩大试点工作必须遵循以下五个原则:

(一)必须坚持服务"三农"原则。牢牢把握支农服务方向,重点引导各类资本到金融服务空白和不充分地区设立机构、开办业务。

（二）必须坚持市场化原则。充分尊重各类资本投资意愿，投资人按商业可持续要求自主决策、自主管理、自主经营、自担风险。

（三）必须坚持严格监管原则。严格准入标准，规范许可程序，强化资本约束，注重风险防范，确保新机构安全稳健运行。

（四）必须坚持政策激励原则。进一步完善财税、货币、监管等方面政策，注重发挥地方政府支持作用，加大正向激励和引导。

（五）必须坚持积极稳妥原则。要紧密结合各地实际，因地制宜，有序推进，防止"一哄而起"。

三、强化审慎监管

（一）明确监管职责。银监会负责研究制定新型农村金融机构监管政策，指导和督促各级派出机构开展监管工作。银监局负责制定新型农村金融机构监管政策的实施细则，审批新型农村金融机构筹建、重大监管行动的协调组织和实施，指导银监分局做好监管工作，妥善处置试点工作中出现的新情况和新问题。银监分局作为属地监管机构，是新型农村金融机构监管的第一责任人，负责新型农村金融机构筹建初审、开业和变更事项审批，并承担日常监管工作。各级银行业监管机构要建立分工明确、职责清晰、上下联动、密切协作的监管工作机制，形成监管合力，切实提高监管工作质量和有效性。

（二）加强日常监管。要建立非现场监管制度，设置主监管员，实施有效现场检查，确保新型农村金融机构的资本充足率、资产质量等指标满足审慎监管要求。要及时查纠偏离服务宗旨、超业务范围经营以及超比例发放大额贷款等违法违规问题，确保依法合规经营，有效防范信用风险、操作风险和市场风险等各类风险，促进新型农村金融机构持续健康发展。对审慎监管指标不达标的，要根据资本充足率和资产质量等情况及时采取递进式监管措施，直至实施市场退出。

（三）实施分类监管。银行业监管机构要根据新型农村金融机构管理规定和监管意见，按照"低门槛、严监管"原则，对不同性质和类型的新型农村金融机构实施不同模式监管。对村镇银行要按照《关于加强村镇银行监管的意见》，比照商业银行实施审慎监管。对贷款公司要重点发挥好出资人的监督作用，做好并表监管。农村资金互助社按照即将印发的监管意见，主要实行社员自律管理，做到自愿发起、自律管理、自主经营、自担风险，真正办成互助合作性质的新型农村金融组织，同时要积极探索建立以自律管理为基础、银行业监管机构监管为主体、地方政府风险处置为保障、社会监督为补充的分工协作和相互配合的监督管理体系。

（四）合理配置监管资源。属地银行业监管机构要根据辖内新型农村金融机构数量和类型、资产规模、风险状况,科学调整监管机构设置,合理配备监管人员,特别是要进一步充实监管办事处和履行新型农村金融机构监管的一线监管力量,加大监管力度,防止因监管资源不足,造成监管出现真空和监管不到位。

(五)严格监管问责。银行业监管机构要按照银监会有关规定,明确新型农村金融机构的监管职责分工,开展监管工作考核,实施监管成效评价。对未落实监管职责分工的银行业监管机构,要责令其立即落实职责分工;对监管失职、渎职的,要追究监管人员和银行业监管机构主要负责人的责任。

四、其他有关要求

(一)加强组织领导。新型农村金融机构试点工作,要在银监会统一部署下,由试点地区银行业监管机构组织推动实施。首批6个试点省(区),要继续完善扩大试点实施方案,稳步推进试点工作。扩大试点的25个省(区、市),银监局要在地方政府的领导和支持下,按照《若干意见》和新型农村金融机构相关制度办法,成立试点工作领导小组及办公室,抓紧制订试点实施方案,明确各阶段要求,做到任务明确、重点突出、措施具体、责任落实。要加强准入政策的学习和培训,重点掌握好《若干意见》以及配套制度办法,为实施试点工作奠定基础。

(二)加强规范操作。各级银行业监管机构要严格准入标准,规范试点操作,防止"带病准入",在确保组建质量的同时,进一步提高审批效率。要合理安排组建进度,积极有序地推进试点工作,防止"一哄而起"。要防止"暗箱操作"等违规行为,确保组建工作公开透明。要积极支持符合条件的"只贷不存"的小额贷款组织,改制为村镇银行、贷款公司等新型农村金融机构。

(三)加强沟通协调。各级银行业监管机构要主动向试点地区党政部门汇报工作,在地方政府的领导和支持下,加强与财政、人民银行、税务、工商等部门的协调沟通,积极争取落实新型农村金融机构财政、税收和货币等政策,提供征集主发起人、营业用房等方面便利措施,加大对逃废债的打击力度,加强信用乡(镇)、村建设,为农村金融机构健康发展创造良好的外部环境。

(四)加强同业支持。各级银行业监管机构要督促主发起人向新型农村金融机构提供产品开发、风险管理、软件系统、人力资源、流动性风险管理等支持,为新型农村金融机构平稳运行创造条件。现有农村金融机构要与新型农村金融机构开展良性竞争,加强业务合作,提供开立账户、融资和业务培训等支持,通过竞争合作,促进互利双赢。

(五)加强舆论宣传。新型农村金融机构试点工作社会关注度高,涉及面广,情况复杂。各地要提前制定试点宣传方案,积极利用主流媒体宣传解释政策，报道试点进展情况和工作成效，同时加强舆情监督和反馈，及时纠正错误、不实和片面报道，为试点工作营造良好的舆论氛围，确保扩大试点工作平稳有序进行。

各银监局要及时将扩大试点情况以及存在问题报告银监会。

中国银行业监督管理委员会
二〇〇七年十月二十四日

中国银监会令
2015 年第 3 号

《中国银监会农村中小金融机构行政许可事项实施办法》已经中国银监会 2015 年第 6 次主席会议修订通过。现予公布，自公布之日起施行。

主席：尚福林

2015 年 6 月 5 日

附 录（二）

中国银监会农村中小金融机构
行政许可事项实施办法
（修订）

第一章 总 则

第一条 为规范银监会及其派出机构农村中小金融机构行政许可行为，明确行政许可事项、条件、程序和期限，保护申请人合法权益，根据《中华人民共和国银行业监督管理法》《中华人民共和国商业银行法》和《中华人民共和国行政许可法》等法律、行政法规及国务院有关决定，制定本办法。

第二条 本办法所称农村中小金融机构包括：农村商业银行、农村合作银行、农村信用社、村镇银行、贷款公司、农村资金互助社等。

第三条 银监会及其派出机构依照《中国银行业监督管理委员会行政许可实施程序规定》和本办法，对农村中小金融机构实施行政许可。

第四条 农村中小金融机构以下事项须经银监会及其派出机构行政许可：机构设立，机构变更，机构终止，调整业务范围和增加业务品种，董事（理事）和高级管理人员任职资格，以及法律、行政法规规定和国务院决定的其他行政许可事项。

第五条 申请人应当按照《中国银监会农村中小金融机构行政许可事项申请材料目录及格式要求》提交申请材料。

第二章 法人机构设立

第一节 农村商业银行设立

第六条 设立农村商业银行应当符合以下条件：

（一）有符合《中华人民共和国公司法》《中华人民共和国商业银行法》和银监会有关规定的章程；

（二）在农村合作银行、农村信用社基础上组建；

（三）注册资本为实缴资本，最低限额为5000万元人民币；

（四）有符合任职资格条件的董事、高级管理人员和熟悉银行业务的合格从业人员；

（五）有健全的组织机构和管理制度；

（六）有与业务经营相适应的营业场所、安全防范措施和其他设施。

第七条 设立农村商业银行，还应符合其他审慎性条件，至少包括：

（一）具有良好的公司治理结构；

（二）具有清晰的农村金融发展战略和成熟的农村金融商业模式；

（三）具有健全的风险管理体系，能有效控制各类风险；

（四）具备有效的资本约束与资本补充机制；

（五）具有科学有效的人力资源管理制度，拥有高素质的专业人才；

（六）建立与业务经营相适应的信息科技架构，具有支撑业务经营的必要、安全且合规的信息科技系统，具备保障信息科技系统有效安全运行的技术与措施；

（七）最近1年无严重违法违规行为和因内部管理问题导致的重大案件；

（八）主要审慎监管指标符合监管要求；

（九）所有者权益大于等于股本（即经过清产核资与整体资产评估，且考虑置换不良资产及历年亏损挂账等因素，拟组建机构合并计算所有者权益剔除股本后大于或等于零）；

（十）银监会规章规定的其他审慎性条件。

第八条 设立农村商业银行应有符合条件的发起人，发起人包括：自然人、境内非金融机构、境内银行业金融机构、境内非银行金融机构、境外银行和银监会认可的其他发起人。

本办法所称境内银行业金融机构指在中华人民共和国境内依法设立的商业银行、农村信用社等吸收公众存款的金融机构以及政策性银行。

第九条 自然人作为发起人，应符合以下条件：

（一）具有完全民事行为能力的中国公民；

（二）有良好的社会声誉和诚信记录，无犯罪记录；

（三）入股资金为自有资金，不得以委托资金、债务资金等非自有资金入股；

（四）银监会规章规定的其他审慎性条件。

第十条 单个自然人及其近亲属合计投资入股比例不得超过农村商业银行股本总额的2%。职工自然人合计投资入股比例不得超过农村商业银行股本总额的20%。

第十一条 境内非金融机构作为发起人，应符合以下条件：

（一）在工商行政管理部门登记注册，具有法人资格；

（二）具有良好的公司治理结构或有效的组织管理方式；

（三）具有良好的社会声誉、诚信记录和纳税记录，能按期足额偿还金融机构的贷款本金和利息；

（四）具有较长的发展期和稳定的经营状况；

（五）具有较强的经营管理能力和资金实力；

（六）最近 2 年内无重大违法违规行为；

（七）财务状况良好，最近 2 个会计年度连续盈利；

（八）年终分配后，净资产不低于全部资产的 30%（合并会计报表口径）；

（九）权益性投资余额不得超过本企业净资产的 50%（含本次投资金额，合并会计报表口径），国务院规定的投资公司和持股公司除外；

（十）入股资金为自有资金，不得以委托资金、债务资金等非自有资金入股；

（十一）银监会规章规定的其他审慎性条件。

第十二条　单个境内非金融机构及其关联方合计投资入股比例不得超过农村商业银行股本总额的 10%。并购重组高风险农村信用社组建农村商业银行的，单个境内非金融机构及其关联方合计投资入股比例一般不超过农村商业银行股本总额的 20%，因特殊原因持股比例超过 20% 的，待农村商业银行经营管理进入良性状态后，其持股比例应有计划地逐步减持至 20%。

第十三条　境内银行业金融机构和境内非银行金融机构作为发起人，应符合以下条件：

（一）主要审慎监管指标符合监管要求；

（二）公司治理良好，内部控制健全有效；

（三）最近 2 个会计年度连续盈利；

（四）社会声誉良好，最近 2 年无严重违法违规行为和因内部管理问题导致的重大案件；

（五）入股资金为自有资金，不得以委托资金、债务资金等非自有资金入股；

（六）银监会规章规定的其他审慎性条件。

第十四条　单个境内非银行金融机构及其关联方合计投资入股比例不得超过农村商业银行股本总额的 10%。

第十五条　境外银行作为发起人或战略投资者，应符合以下条件：

（一）最近 1 年年末总资产不得低于《境外金融机构投资入股中资金融机构管理办法》有关要求；

（二）银监会认可的国际评级机构最近 2 年对其长期信用评级为良好；

（三）最近 2 个会计年度连续盈利；

（四）商业银行资本充足率应达到其注册地银行业资本充足率平均水平且不低于 10.5%；

（五）内部控制健全有效；

（六）具有有效的反洗钱制度；

（七）入股资金为自有资金，不得以委托资金、债务资金等非自有资金入股；

（八）所在国家（地区）经济状况良好；

（九）注册地金融机构监督管理制度完善；

（十）银监会规章规定的其他审慎性条件。

境外银行作为发起人或战略投资者入股农村商业银行应遵循长期持股、优化治理、业务合作、竞争回避的原则。

第十六条 单个境外银行及被其控制或共同控制的关联方作为发起人或战略投资者向单个农村商业银行投资入股比例不得超过20%，多个境外银行及被其控制或共同控制的关联方作为发起人或战略投资者投资入股比例合计不得超过25%。

本办法所称境外银行投资入股比例是指境外银行所持股份占农村商业银行股份总额的比例。境外银行关联方的持股比例应与境外银行合并计算。

第十七条 农村商业银行设立须经筹建和开业两个阶段。

设立农村商业银行应成立筹建工作小组，农村商业银行发起人应委托筹建工作小组作为申请人。

第十八条 单一县（市、区）农村合作银行、农村信用社组建农村商业银行的筹建申请，由银监分局或所在城市银监局受理，银监局审查并决定。银监局自受理之日起4个月内作出批准或不批准的书面决定。

除单一县（市、区）机构组建农村商业银行外，其他组建农村商业银行的筹建申请，由银监局受理并初步审查，银监会审查并决定。银监会自收到完整申请材料之日起4个月内作出批准或不批准的书面决定。

第十九条 农村商业银行的筹建期为自批准决定之日起6个月。未能按期完成筹建工作的，申请人应在筹建期限届满前1个月向决定机关提交筹建延期报告。筹建延期不得超过一次，筹建延期的最长期限为3个月。

申请人应在前款规定的期限届满前提交开业申请，逾期未提交的，筹建批准文件失效，由决定机关办理筹建许可注销手续。

第二十条 农村商业银行的开业申请，由银监分局或所在城市银监局受理，银监局审查并决定。银监局自收到完整申请材料或受理之日起2个月内作出批准或不予批准的书面决定。

第二十一条 农村商业银行应在收到开业批准文件并领取金融许可证后，到工商行政管理部门办理登记，领取营业执照。

农村商业银行应自领取营业执照之日起6个月内开业。未能按期开业的，申请人应在开业期限届满前1个月向决定机关提交开业延期报告。开业延期不得超过一次，开业延期的最长期限为3个月。

农村商业银行未在前款规定时限内开业的,开业批准文件失效,由决定机关办理开业许可注销手续,收回其金融许可证,并予以公告。

第二节 农村信用合作联社设立

第二十二条 设立农村信用合作联社应符合以下条件:

(一)有符合银监会有关规定的章程;

(二)在农村信用合作社及其联合社基础上以新设合并方式发起设立;

(三)注册资本为实缴资本,最低限额为300万元人民币;

(四)股权设置合理,符合法人治理要求;

(五)有符合任职资格条件的理事、高级管理人员和熟悉银行业务的合格从业人员;

(六)有健全的组织机构、管理制度和风险管理体系;

(七)有与业务经营相适应的营业场所、安全防范措施和其他设施;

(八)建立与业务经营相适应的信息科技架构,具有支撑业务经营的必要、安全且合规的信息科技系统,具备保障信息科技系统有效安全运行的技术与措施;

(九)银监会规章规定的其他审慎性条件。

第二十三条 设立农村信用合作联社应有符合条件的发起人,发起人包括:自然人、境内非金融机构、境内银行业金融机构、境内非银行金融机构、境外银行和银监会认可的其他发起人。

发起人应分别符合本办法第九条、第十条、第十一条、第十二条、第十三条、第十四条、第十五条和第十六条的规定。

第二十四条 农村信用合作联社的筹建申请,由银监分局或所在城市银监局受理,银监局审查并决定。银监局自收到完整申请材料或受理之日起4个月内作出批准或不批准的书面决定。

农村信用合作联社的开业申请,由银监分局或所在城市银监局受理、审查并决定。银监分局或银监局自受理之日起2个月内作出批准或不予批准的书面决定。

筹建和开业的申请人、期限适用本办法第十七条、第十九条和第二十一条的规定。

第二十五条 农村信用合作社及其联合社、农村信用合作联社按照《中华人民共和国公司法》组建农村信用联社,其行政许可条件、程序、事权划分和时限按照农村信用合作联社设立的相关规定执行。

第三节 村镇银行设立

第二十六条 设立村镇银行应符合以下条件:

（一）有符合《中华人民共和国公司法》《中华人民共和国商业银行法》和银监会有关规定的章程；

（二）发起人应符合规定的条件，且发起人中应至少有1家银行业金融机构；

（三）注册资本为实缴资本，在县（区）域设立的，最低限额为300万元人民币；在乡（镇）设立的，最低限额为100万元人民币；

（四）具有符合任职资格条件的董事、高级管理人员和熟悉银行业务的合格从业人员；

（五）具有必需的组织机构和管理制度；

（六）具有清晰的支持"三农"和小微企业发展的战略；

（七）具有与业务经营相适应的营业场所、安全防范措施和其他设施；

（八）建立与业务经营相适应的信息科技架构，具有支撑业务经营的必要、安全且合规的信息科技系统，具备保障信息科技系统有效安全运行的技术与措施；

（九）银监会规章规定的其他审慎性条件。

第二十七条　设立村镇银行应有符合条件的发起人，发起人包括：自然人、境内非金融机构、境内银行业金融机构、境内非银行金融机构、境外银行和银监会认可的其他发起人。

发起人应分别符合本办法第九条、第十一条、第十二条、第十三条、第十四条和第十五条的规定。

第二十八条　村镇银行主发起人还应符合以下条件：

（一）须是银行业金融机构；

（二）上一年度监管评级2级以上；

（三）具有足够的合格人才储备；

（四）具有充分的并表管理能力及信息科技建设和管理能力；

（五）银监会规章规定的其他审慎性条件。

第二十九条　村镇银行主发起人持股比例不得低于村镇银行股本总额的15%，单个自然人、非金融机构和非银行金融机构及其关联方投资入股比例不得超过村镇银行股本总额的10%。职工自然人合计投资入股比例不得超过村镇银行股本总额的20%。

第三十条　村镇银行的筹建申请，由银监分局或所在城市银监局受理，银监局审查并决定。银监局自收到完整申请材料或受理之日起4个月内作出批准或不批准的书面决定。

村镇银行的开业申请，由银监分局或所在城市银监局受理、审查并决定。银监分局或银监局自受理之日起2个月内作出批准或不予批准的书面决定。

筹建和开业的申请人、期限适用本办法第十七条、第十九条和第二十一条的规定。筹建一人有限责任公司村镇银行的，可由出资人作为申请人。

第四节　贷款公司设立

第三十一条　在县（市）及其以下地区设立贷款公司应符合以下条件：

（一）有符合银监会有关规定的章程；

（二）注册资本为实缴资本，最低限额为50万元人民币；

（三）有具备任职专业知识和业务工作经验的高级管理人员；

（四）有具备相应专业知识和从业经验的工作人员；

（五）有必需的组织机构和管理制度；

（六）有与业务经营相适应的营业场所、安全防范措施和其他设施。

第三十二条　设立贷款公司，还应符合其他审慎性条件，至少包括：

（一）具有良好的公司治理结构；

（二）具有科学有效的人力资源管理制度和符合条件的专业人才；

（三）具备有效的资本约束和补充机制。

第三十三条　设立贷款公司，应有符合以下条件的出资人：

（一）出资人为境内外银行；

（二）公司治理良好，内部控制健全有效；

（三）主要审慎监管指标符合监管要求；

（四）银监会规章规定的其他审慎性条件。

第三十四条　贷款公司由单个境内外银行全额出资设立。

第三十五条　贷款公司的筹建申请，由银监分局或所在城市银监局受理，银监局审查并决定。银监局自收到完整申请材料或受理之日起4个月内作出批准或不批准的书面决定。

贷款公司的开业申请，由银监分局或所在城市银监局受理、审查并决定。银监分局或银监局自受理之日起2个月内作出批准或不予批准的书面决定。

筹建和开业的申请人、期限适用本办法第十七条、第十九条和第二十一条的规定。贷款公司可由出资人作为申请人。

第五节　农村资金互助社设立

第三十六条　设立农村资金互助社应符合以下条件：

（一）有符合银监会有关规定的章程；

（二）以发起方式设立且发起人不少于10人；

（三）注册资本为实缴资本，在乡（镇）设立的，最低限额为30万元人民币；在行政村设立的，最低限额为10万元人民币；

（四）有符合任职资格的理事、经理和具备从业条件的工作人员；

（五）有必需的组织机构和管理制度；
（六）有与业务经营相适应的营业场所、安全防范措施和其他设施；
（七）银监会规章规定的其他审慎性条件。

第三十七条　设立农村资金互助社应有符合条件的发起人，发起人包括：乡（镇）、行政村的农民和农村小企业。

第三十八条　农民作为发起人，应符合以下条件：
（一）具有完全民事行为能力的中国公民；
（二）户口所在地或经常居住地（本地有固定住所且居住满 3 年）在农村资金互助社所在乡（镇）或行政村内；
（三）有良好的社会声誉和诚信记录，无犯罪记录；
（四）入股资金为自有资金，不得以委托资金、债务资金等非自有资金入股；
（五）银监会规章规定的其他审慎性条件。

第三十九条　农村小企业作为发起人，应符合以下条件：
（一）注册地或主要营业场所在农村资金互助社所在乡（镇）或行政村内；
（二）具有良好的信用记录；
（三）最近 2 年内无重大违法违规行为；
（四）上一会计年度盈利；
（五）年终分配后净资产达到全部资产的 10% 以上（合并会计报表口径）；
（六）入股资金为自有资金，不得以委托资金、债务资金等非自有资金入股；
（七）银监会规章规定的其他审慎性条件。

第四十条　单个农民或单个农村小企业向农村资金互助社入股，其持股比例不得超过农村资金互助社股金总额的 10%。

第四十一条　农村资金互助社的筹建申请，由银监分局或所在城市银监局受理，银监局审查并决定。银监局自收到完整申请材料或受理之日起 4 个月内作出批准或不批准的书面决定。

农村资金互助社的开业申请，由银监分局或所在城市银监局受理、审查并决定。银监分局或银监局自受理之日起 2 个月内作出批准或不予批准的书面决定。

筹建和开业的申请人、期限适用本办法第十七条、第十九条和第二十一条的规定。

第六节　投资设立、参股、收购境内法人金融机构

第四十二条　农村商业银行投资设立、参股境内银行业金融机构，申请人应符合第十三条有关规定；收购村镇银行，申请人应符合第二十八条有关规定。农村商业银行收购境内银行业金融机构（村镇银行除外）和投资设立、参股、收购其他境内法人金融机构，申请人还应符合以下条件：

（一）具有良好的公司治理结构；
（二）具有清晰的发展战略和成熟的金融商业模式；
（三）具备对外投资实力和持续补充资本能力；
（四）具有良好的并表管理能力；
（五）监管评级良好；
（六）最近3个会计年度连续盈利；
（七）权益性投资余额原则上不超过其净资产的50%（合并会计报表口径）；
（八）风险管理和内部控制健全有效，具有良好的对外投资风险的识别、监测、分析和控制能力；
（九）具有完善、合规的信息科技系统和信息安全体系，具有标准化的数据管理体系，具备保障业务连续有效安全运行的技术与措施；
（十）最近2年无严重违法违规行为和因内部管理问题导致的重大案件；
（十一）银监会规章规定的其他审慎性条件。

第四十三条 农村商业银行投资设立、参股、收购境内法人金融机构，由银监分局或所在城市银监局受理，银监局审查并决定，事后报告银监会。

决定机关自收到完整申请材料或受理之日起6个月内作出批准或不批准的书面决定。

第三章 分支机构设立

第一节 分行、专营机构设立

第四十四条 农村商业银行设立分行，申请人应符合以下条件：
（一）具有清晰的农村金融发展战略和成熟的农村金融商业模式；
（二）农村商业银行设立满2年以上；
（三）注册资本不低于10亿元人民币；
（四）监管评级良好；
（五）公司治理良好，内部控制健全有效；
（六）主要审慎监管指标符合监管要求，其中不良贷款率低于3%，资本充足率不低于12%；
（七）具有拨付营运资金的能力；
（八）具有完善、合规的信息科技系统和信息安全体系，具有标准化的数据管理体系，具备保障业务连续有效安全运行的技术与措施；
（九）最近2年无严重违法违规行为和因内部管理问题导致的重大案件；
（十）银监会规章规定的其他审慎性条件。

第四十五条 农村商业银行设立信用卡中心、"三农"（小企业）信贷中心、

私人银行部、票据中心、资金营运中心等专营机构,申请人除应符合第四十四条有关规定外,还应符合以下条件:

(一)专营业务经营体制改革符合该项业务的发展方向,并进行了详细的可行性研究论证;

(二)专营业务经营体制改革符合其总行的总体战略和发展规划,有利于提高整体竞争能力;

(三)开办专营业务 2 年以上,有经营专营业务的管理团队和专业技术人员;

(四)专营业务资产质量、服务等指标达到良好水平,专营业务的成本控制水平较高,具有较好的盈利前景;

(五)银监会规章规定的其他审慎性条件。

第四十六条 农村商业银行分行、专营机构的筹建申请由其法人机构向拟设地银监分局或所在城市银监局提交,由银监分局或所在城市银监局受理,银监局审查并决定。决定机关自收到完整申请材料或受理之日起 4 个月内作出批准或不批准的书面决定。

第四十七条 农村商业银行分行、专营机构的筹建期为自批准决定之日起 6 个月。未能按期完成筹建工作的,申请人应在筹建期限届满前 1 个月向决定机关提交筹建延期报告。筹建延期不得超过一次,筹建延期的最长期限为 3 个月。

申请人应在前款规定的期限届满前提交分行、专营机构开业申请,逾期未提交的,筹建批准文件失效,由决定机关办理筹建许可注销手续。

第四十八条 农村商业银行分行、专营机构的开业申请由拟设地银监分局或所在城市银监局受理、审查并决定。决定机关自收到完整申请材料或受理之日起 2 个月内作出批准或不予批准的书面决定。

农村商业银行分行、专营机构开业应符合以下条件:

(一)营运资金到位;

(二)具有符合任职资格条件的高级管理人员和熟悉银行业务的合格从业人员;

(三)具有与业务发展相适应的组织机构和规章制度;

(四)具有与业务经营相适应的营业场所、安全防范措施和其他设施;

(五)具有与业务经营相适应的信息科技部门,具有必要、安全且合规的信息科技系统,具备保障本级信息科技系统有效安全运行的技术与措施。

第二节 支行设立

第四十九条 农村商业银行、农村合作银行在注册地辖区内设立支行,申请人除符合第四十四条(一)、(五)、(七)、(八)项规定的条件外,还应符合以下条件:

（一）主要审慎监管指标符合监管要求；
（二）最近1年无严重违法违规行为和因内部管理问题导致的重大案件；
（三）银监会规章规定的其他审慎性条件。

农村商业银行在注册地辖区外设立支行，申请人除符合第四十四条（一）、（五）、（七）、（八）、（九）项规定的条件外，还应符合以下条件：

（一）农村商业银行设立满1年以上；
（二）监管评级良好；
（三）注册资本不低于5亿元人民币；
（四）主要审慎监管指标符合监管要求；
（五）银监会规章规定的其他审慎性条件。

第五十条 村镇银行设立6个月以上，公司治理良好，主要审慎监管指标符合监管要求的，其法人机构可根据当地金融服务需求申请在注册地辖区内设立支行。

第五十一条 农村商业银行、农村合作银行、村镇银行在注册地辖区内设立支行，其筹建方案由法人机构事后报告开业决定机关。

农村商业银行在注册地辖区外的支行筹建申请，由拟设地银监分局或所在城市银监局受理，银监局审查并决定。银监局自收到完整申请材料或受理之日起4个月内作出批准或不批准的书面决定。筹建的期限适用于本办法第四十七条的规定。

第五十二条 农村商业银行、农村合作银行、村镇银行在注册地辖区内的支行开业申请由法人机构提交，由银监分局或所在城市银监局受理、审查并决定。农村商业银行在注册地辖区外的支行开业申请由拟设地银监分局或所在城市银监局受理、审查并决定。银监分局或银监局自受理之日起2个月内作出批准或不予批准的书面决定。

支行开业应符合以下条件：

（一）营运资金到位；
（二）具有符合任职资格条件的高级管理人员和熟悉银行业务的合格从业人员；
（三）具有与业务经营相适应的营业场所、安全防范措施和其他设施。

第五十三条 农村商业银行分行在分行所在地辖区内设立支行，其行政许可条件、程序、事权划分和时限按照农村商业银行在注册地辖区内设立支行的相关规定执行。

第三节 分理处、信用社、分社、分公司设立

第五十四条 农村商业银行、农村合作银行、村镇银行设立分理处，农村信

用合作联社、农村信用联社设立信用社、分社，贷款公司设立分公司，申请人除应符合第四十四条（七）、（八）项规定的条件外，还应符合以下条件：

（一）主要审慎监管指标符合监管要求；

（二）有熟悉银行业务的合格从业人员；

（三）最近1年无严重违法违规行为和因内部管理问题导致的重大案件；

（四）银监会规章规定的其他审慎性条件。

第五十五条　农村商业银行、农村合作银行、村镇银行设立分理处，农村信用合作联社、农村信用联社设立信用社、分社，贷款公司设立分公司，其筹建方案由法人机构事后报告开业决定机关。

开业申请由法人机构提交，由银监分局或所在城市银监局受理、审查并决定。银监分局或银监局自受理之日起2个月内作出批准或不予批准的书面决定。

第五十六条　分支机构开业许可事项，申请人应在收到开业批准文件并按规定领取金融许可证后，根据工商行政管理部门的规定办理登记手续，领取营业执照。

分支机构应自领取营业执照之日起6个月内开业。未能按期开业的，申请人应在开业期限届满前1个月向决定机关提交开业延期报告。开业延期不得超过一次，开业延期的最长期限为3个月。

分支机构未在前款规定时限内开业的，开业批准文件失效，由决定机关办理开业许可注销手续，收回其金融许可证，并予以公告。

第四章　机构变更

第一节　法人机构变更

第五十七条　法人机构变更包括：变更名称，变更住所，变更组织形式，变更股权，变更注册资本，修改章程，分立和合并等。

第五十八条　法人机构变更名称，名称中应标明"农村商业银行""农村合作银行""信用合作社""联合社""联社""村镇银行""贷款公司"和"农村资金互助社"等机构种类字样，并符合唯一性和商誉保护原则。

法人机构变更名称，由银监分局或所在城市银监局受理，银监局审查并决定。

省（自治区）农村信用社联合社和直辖市农村商业银行变更名称，由银监局受理、审查并决定，事后报告银监会。

第五十九条　法人机构变更住所，应有与业务发展相符合的营业场所、安全防范措施和其他设施。

法人机构变更住所，由银监分局或所在城市银监局受理、审查并决定。决定机关为银监分局的，事后报告银监局。

省（自治区）农村信用社联合社和直辖市农村商业银行变更住所，由银监局受理、审查并决定，事后报告银监会。

因行政区划调整等原因导致的行政区划、街道、门牌号等发生变化而实际位置未变动的，不需进行变更住所的申请，但应于变更后15日内报告属地监管机构，并换领金融许可证。

法人机构因房屋维修、增扩建等原因临时变更住所6个月以内的，不需进行变更住所申请，但应在原住所、临时住所公告，并提前10日报告属地监管机构。临时住所应符合公安、消防部门的相关要求。回迁原住所，法人机构应提前10日将公安、消防部门对回迁住所出具的安全、消防合格证明等材料报告属地监管机构，并予以公告。

第六十条　农村中小金融机构变更组织形式，须按相关金融机构设立条件和程序申请行政许可。

第六十一条　农村中小金融机构股权变更，受让人应符合本办法规定的相应发起人（出资人）资格条件。

农村商业银行、农村合作银行、农村信用合作联社、农村信用联社、村镇银行和农村资金互助社变更持有股本总额1%以上5%以下的单一股东（社员），由法人机构报告银监分局或所在城市银监局；持有股本总额5%以上10%以下的单一股东（社员）的变更申请，由银监分局或所在城市银监局受理、审查并决定。

农村商业银行、农村合作银行、农村信用合作联社、农村信用联社、村镇银行持有股本总额10%以上的单一股东（社员）的变更申请，由银监分局或所在城市银监局受理，银监局审查并决定，事后报告银监会。

省（自治区）农村信用社联合社、地市农村信用合作社联合社变更持有股本总额1%以上5%以下的单一社员，报告银监局。变更持有股本总额5%以上的单一社员，由银监局受理、审查并决定。

向境外银行转让股权由银监分局或所在城市银监局受理，银监局审查并决定，事后报告银监会。

投资人入股农村中小金融机构，应按照《商业银行与内部人和股东关联交易管理办法》的有关规定，完整、真实地披露其关联关系。

第六十二条　法人机构变更注册资本，其股东（社员）应符合本办法规定的相应发起人（出资人）资格条件。

法人机构变更注册资本，行政许可程序和事权适用本办法第五十九条的规定。涉及境外银行投资入股的，由银监分局或所在城市银监局受理，银监局审查并决定，事后报告银监会。

法人机构通过配股或定向募股方式变更注册资本的，在变更注册资本前还应经过配股或募集新股方案审批。方案的受理、审查和决定程序同前款。

第六十三条 农村中小金融机构在境内外公开募集股份和上市交易股份的，应符合有关法律法规及中国证监会有关监管规定。向证监会申请之前，应向银监局申请并获得批准。

农村中小金融机构在境内外公开募集股份和上市交易股份的，由银监分局或所在城市银监局受理，银监局审查并决定，事后报告银监会。

第六十四条 法人机构修改章程的行政许可程序和事权适用本办法第五十九条的规定。

法人机构变更名称、住所、股权、注册资本或业务范围的，应在决定机关作出批准决定6个月内修改章程相应条款并报告决定机关。

第六十五条 农村商业银行、农村信用联社、村镇银行、贷款公司分立、合并应符合《中华人民共和国公司法》等有关规定；农村合作银行、农村信用合作社、农村信用合作社联合社、农村信用合作联社、省（自治区）农村信用社联合社和农村资金互助社分立、合并应参照《中华人民共和国公司法》等有关规定。

法人机构的合并，由银监局受理并初步审查，银监会审查并决定。农村商业银行、省（自治区）农村信用社联合社的分立，由银监局受理并初步审查，银监会审查并决定；其他法人机构的分立，由银监分局或所在城市银监局受理，银监局审查并决定。

存续分立的，在分立公告期限届满后，存续方应按照变更事项的条件和程序通过行政许可；新设方应按照法人机构开业的条件和程序通过行政许可。

新设分立的，在分立公告期限届满后，新设方应按照法人机构开业的条件和程序通过行政许可；原法人机构应按照法人机构解散的条件和程序通过行政许可。

吸收合并的，在合并公告期限届满后，吸收合并方应按照变更事项的条件和程序通过行政许可；被吸收合并方应按照法人机构解散的条件和程序通过行政许可。被吸收合并方改建为分支机构的，应按照分支机构开业的条件和程序通过行政许可。

新设合并的，在合并公告期限届满后，新设方应按照法人机构开业的条件和程序通过行政许可；原法人机构应按照法人机构解散的条件和程序通过行政许可。

第六十六条 本节所列需审批的变更事项，由下级监管机关受理、报上级监管机关决定的，自上级监管机关收到完整申请材料之日起3个月内作出批准或不批准的书面决定；由同一监管机关受理、审查并决定的，自受理之日起 3 个月内作出批准或不批准的书面决定。

第二节 分支机构变更

第六十七条 分支机构变更包括：变更名称，机构升格等。

第六十八条 分支机构变更名称，名称中应标明"分行""支行""分理处""信用社""分社""储蓄所"和"分公司"等机构种类字样，并符合唯一性和商誉保护原则。

分支机构变更名称由所在地银监分局或所在城市银监局受理、审查并决定。

第六十九条 分支机构升格，应符合拟升格机构的设立条件，并通过行政许可。

支行升格为分行的，由拟升格机构所在地银监分局或所在城市银监局受理，银监局审查并决定；其他情形的分支机构升格，由银监分局或所在城市银监局受理、审查并决定。

因分支机构升格导致的其他变更事项比照相关规定办理。

第七十条 本节所列需审批的变更事项，由分支机构的法人机构提出申请。由下级监管机关受理、报上级监管机关决定的，自上级监管机关收到完整申请材料之日起 3 个月内作出批准或不批准的书面决定；由同一监管机关受理、审查并决定的，自受理之日起 3 个月内作出批准或不批准的书面决定。

第五章 机构终止

第一节 法人机构终止

第七十一条 法人机构有下列情形之一的，应申请解散：

（一）章程规定的营业期限届满或者出现章程规定的其他应解散的情形；

（二）权力机构决议解散的；

（三）因分立、合并需要解散的。

第七十二条 法人机构解散，由银监分局或所在城市银监局受理，银监局审查并决定。银监局自收到完整申请材料或受理之日起 3 个月内作出批准或不批准的书面决定。

法人机构因分立、合并出现解散情形的，与分立、合并一并进行审批。

第七十三条 法人机构有下列情形之一的，在向法院申请破产前，应向银监会申请并获得批准：

（一）不能支付到期债务，自愿或应其债权人要求申请破产的；

（二）因解散而清算，清算组发现机构财产不足以清偿债务，应申请破产的。

申请破产的，由银监局受理并初步审查，银监会审查并决定。银监会自收到完整申请材料之日起 3 个月内作出批准或不批准的书面决定。

第二节 分支机构终止

第七十四条 分支机构终止营业的（被依法撤销除外），其法人机构应提交终止营业申请。

第七十五条 分行、专营机构的终止营业申请，由分行、专营机构所在地银监分局或所在城市银监局受理，银监局审查并决定；其他分支机构的终止营业申请，由分支机构所在地银监分局或所在城市银监局受理、审查并决定。决定机关自收到完整申请材料或受理之日起 3 个月内作出批准或不批准的书面决定。

第六章 调整业务范围和增加业务品种

第一节 开办外汇业务和增加外汇业务品种

第七十六条 开办除结汇、售汇以外的外汇业务或增加外汇业务品种，申请人应符合以下条件：

（一）依法合规经营，内控制度健全有效，经营状况良好；

（二）主要审慎监管指标符合监管要求；

（三）有与申报外汇业务相应的外汇营运资金和合格的外汇业务从业人员；

（四）有符合开展外汇业务要求的营业场所和相关设施；

（五）银监会规章规定的其他审慎性条件。

第七十七条 申请开办外汇业务和增加外汇业务品种，由银监分局或所在城市银监局受理，银监局审查并决定。

第二节 募集发行债务、资本补充工具

第七十八条 募集次级定期债务、发行二级资本债券、混合资本债、金融债及须经监管机构许可的其他债务、资本补充工具，申请人应符合以下条件：

（一）具有良好的公司治理结构；

（二）主要审慎监管指标符合监管要求；

（三）贷款风险分类结果真实准确；

（四）拨备覆盖率达标，贷款损失准备计提充足；

（五）最近 3 年无严重违法违规行为和因内部管理问题导致的重大案件；

（六）银监会规章规定的其他审慎性条件。

第七十九条 申请募集次级定期债务、发行二级资本债券、混合资本债、金融债及须经监管机构许可的其他债务、资本补充工具，由银监分局或所在城市银监局受理，银监局审查并决定，事后报告银监会。

第三节 开办衍生产品交易业务

第八十条 农村商业银行开办衍生产品交易业务的资格分为以下两类：

（一）基础类资格：只能从事套期保值类衍生产品交易；

（二）普通类资格：除基础类资格可以从事的衍生产品交易之外，还可以从事非套期保值类衍生产品交易。

第八十一条　农村商业银行开办基础类衍生产品交易业务，应符合以下条件：

（一）具有健全的衍生产品交易风险管理制度和内部控制制度；

（二）主要审慎监管指标符合监管要求；

（三）具有接受相关衍生产品交易技能专门培训半年以上、从事衍生产品或相关交易2年以上的交易人员至少2名，相关风险管理人员至少1名，风险模型研究人员或风险分析人员至少1名，熟悉套期会计操作程序和制度规范的人员至少1名，以上人员均需专岗专人，相互不得兼任，且无不良记录；

（四）有与业务相适应的交易场所和设备；

（五）具有处理法律事务和负责内控合规检查的专业部门及相关专业人员；

（六）银监会规章规定的其他审慎性条件。

第八十二条　农村商业银行开办普通类衍生产品交易业务，除符合本办法第八十一条规定的条件外，还应符合以下条件：

（一）完善的衍生产品交易前、中、后台自动联接的业务处理系统和实时风险管理系统；

（二）衍生产品交易业务主管人员应具备5年以上直接参与衍生产品交易活动或风险管理的资历，且无不良记录；

（三）严格的业务分离制度，确保套期保值类业务与非套期保值类业务的市场信息、风险管理、损益核算有效隔离；

（四）完善的市场风险、操作风险、信用风险等风险管理框架；

（五）银监会规章规定的其他审慎性条件。

第八十三条　申请开办衍生产品交易业务，由银监分局或所在城市银监局受理，银监局审查并决定，事后报告银监会。

第四节　开办信用卡业务

第八十四条　申请开办信用卡业务分为申请发卡业务和申请收单业务。申请人应符合以下条件：

（一）公司治理良好，具备与业务发展相适应的组织机构和规章制度，内部制度、风险管理和问责机制健全有效；

（二）主要审慎监管指标符合监管要求；

（三）具备符合任职资格条件的董事、高级管理人员和合格从业人员，高级管理人员中应具有信用卡业务专业知识和管理经验的人员至少1人，具备开展信

用卡业务必须的技术人员和管理人员,并全面实施分级授权管理;

(四)具备与业务经营相适应的营业场所、相关设施和必备的信息技术资源;

(五)已在境内建立符合法律法规和业务管理要求的业务系统,具有保障相关业务系统信息安全和运行质量的技术能力;

(六)信誉良好,具有完善、有效的案件防控体系,最近3年无严重违法违规行为和因内部管理问题导致的重大案件;

(七)开办外币信用卡业务的,应具有经国务院外汇管理部门批准的结汇、售汇业务资格;

(八)银监会规章规定的其他审慎性条件。

第八十五条 开办信用卡发卡业务除应具备本办法第八十四条规定的条件外,申请人还应符合下列条件:

(一)注册资本为实缴资本,且不低于人民币5亿元;

(二)具备办理零售业务的良好基础,最近3年个人存贷款业务规模和业务结构稳定,个人存贷款业务客户规模和客户结构良好,银行卡业务运行情况良好,身份证件验证系统和征信系统的连接和使用情况良好;

(三)具备办理信用卡业务的专业系统,在境内建有发卡业务主机、信用卡业务申请管理系统、信用评估管理系统、信用卡账户管理系统、信用卡交易授权系统、信用卡交易监测和伪冒交易预警系统、信用卡客户服务中心系统、催收业务管理系统等专业化运营基础设施,相关设施通过了必要的安全检测和业务测试,能够保障客户资料和业务数据的完整性和安全性;

(四)符合自身业务经营总体战略和发展规划,有利于提高总体业务竞争能力,能够根据业务发展实际情况持续开展业务成本计量、业务规模监测和基本盈亏平衡测算等工作。

第八十六条 开办信用卡收单业务除应具备本办法第八十四条规定的条件外,申请人还应符合下列条件:

(一)注册资本为实缴资本,且不低于人民币1亿元;

(二)具备开办收单业务的良好业务基础,最近3年企业贷款业务规模和业务结构稳定,企业贷款业务客户规模和客户结构较为稳定,身份证件验证系统和征信系统连接和使用情况良好;

(三)具备办理收单业务的专业系统支持,在境内建有收单业务主机、特约商户申请管理系统、特约商户信用评估管理系统、商户结算账户管理系统、账户管理系统、收单交易监测和伪冒交易预警系统、交易授权系统等专业化运营基础设施,相关设施通过了必要的安全检测和业务测试,能够保障客户资料和业务数据的完整性和安全性;

（四）符合自身业务经营总体战略和发展规划，有利于提高业务竞争能力，能够根据业务发展实际情况持续开展业务成本计量、业务规模监测和基本盈亏平衡测算等工作。

第八十七条　农村商业银行、农村合作银行、村镇银行、农村信用合作联社、农村信用联社申请开办独立品牌信用卡发卡业务、收单业务，由银监分局或所在城市银监局受理，银监局审查并决定。

第八十八条　省（自治区）农村信用社联合社受辖内农村商业银行、农村合作银行、农村信用合作联社、农村信用联社委托，申请统一信用卡品牌，应符合以下条件：

（一）使用统一品牌且符合《商业银行信用卡业务监督管理办法》有关规定的农村商业银行、农村合作银行、农村信用合作联社、农村信用联社数量在5家以上；

（二）辖内机构统算后主要审慎监管指标符合监管要求；

（三）具备办理信用卡业务的专业系统（包括但不限于自主建设维护的交易授权系统、交易监测系统等），通过了必要的安全检测和业务测试；

（四）辖内机构信息系统运行良好，具备保障相关业务系统信息安全和运行质量的技术能力；

（五）具备为发卡机构服务的专业客户服务基础设施；

（六）具有专业管理人员和技术人员。

第八十九条　使用统一信用卡品牌开办发卡业务的农村商业银行、农村合作银行、农村信用合作联社、农村信用联社、村镇银行应符合以下条件：

（一）上一年度监管评级3级以上；

（二）主要审慎监管指标符合监管要求；

（三）具备良好的零售客户基础和较好的个人信贷管理能力及经验；

（四）具有专业的高级管理人才以及业务管理人员和技术人员。

第九十条　省（自治区）农村信用社联合社申请统一信用卡品牌，由银监局受理、审查并决定，事后报告银监会。

使用省（自治区）农村信用社联合社统一信用卡品牌的农村商业银行、农村合作银行、农村信用合作联社、农村信用联社申请开办信用卡发卡业务，以及使用主发起人统一信用卡品牌的村镇银行申请开办信用卡发卡业务的，由银监分局或所在城市银监局受理、审查并决定。

第五节　开办离岸银行业务

第九十一条　农村商业银行开办离岸银行业务或增加业务品种，应符合条件：

（一）主要审慎监管指标符合监管要求；

（二）风险管理和内控制度健全有效；

（三）达到规定的外汇资产规模，且外汇业务经营业绩良好；

（四）外汇业务从业人员符合开展离岸银行业务要求，且在以往经营活动中无不良记录，其中主管人员应从事外汇业务5年以上，其他从业人员中至少50%应从事外汇业务3年以上；

（五）有符合离岸银行业务开展要求的场所和设施；

（六）最近3年无严重违法违规行为和因内部管理问题导致的重大案件；

（七）银监会规章规定的其他审慎性条件。

第九十二条　申请开办离岸银行业务或增加业务品种，由银监分局或所在城市银监局受理，银监局审查并决定，事后报告银监会。

第六节　申请开办其他业务

第九十三条　申请开办现行法规明确规定的其他业务和品种的，由银监分局或所在城市银监局受理，银监局审查并决定。

第九十四条　申请开办现行法规未明确规定的业务和品种的，应符合下列条件：

（一）公司治理良好，具备与业务发展相适应的组织机构和规章制度，内部制度、风险管理和问责机制健全有效；

（二）与现行法律法规不相冲突；

（三）主要审慎监管指标符合监管要求；

（四）符合本机构战略发展定位与方向；

（五）经董事会同意并出具书面意见；

（六）具备开展业务必需的技术人员和管理人员，并全面实施分级授权管理；

（七）具备与业务经营相适应的营业场所和相关设施；

（八）具有开展该项业务的必要、安全且合规的信息科技系统，具备保障信息科技系统有效安全运行的技术与措施；

（九）最近3年无严重违法违规行为和因内部管理问题导致的重大案件；

（十）银监会规章规定的其他审慎性条件。

申请开办本条所述业务和品种的，由银监分局或所在城市银监局受理，银监局审查并决定。

第九十五条　本章业务事项，由下级监管机关受理、报上级监管机关决定的，自上级监管机关收到完整申请材料之日起3个月内作出批准或不批准的书面决定；由同一监管机关受理、审查并决定的，自受理之日起3个月内作出批准或不批准的书面决定。

第七章 董事（理事）和高级管理人员任职资格许可

第一节 任职资格条件

第九十六条 农村商业银行、农村合作银行、农村信用联社、村镇银行董事长、副董事长、独立董事和其他董事等董事会成员以及董事会秘书；农村信用合作社、农村信用合作社联合社、农村信用合作联社、省（自治区）农村信用社联合社、农村资金互助社理事长、副理事长、独立理事和其他理事等理事会成员须经任职资格许可。

农村商业银行、农村合作银行、村镇银行的行长、副行长、行长助理、风险总监、财务总监、合规总监、总审计师、总会计师、首席信息官以及同职级高级管理人员，内审部门负责人、财务部门负责人、合规部门负责人；农村信用合作社主任；农村信用合作社联合社、农村信用合作联社、农村信用联社主任、副主任；省（自治区）农村信用社联合社主任、副主任、主任助理、总审计师以及同职级高级管理人员，合规部门负责人、办事处（区域审计中心）主任；贷款公司总经理；农村资金互助社经理；农村商业银行分行行长、副行长、行长助理，专营机构总经理、副总经理、总经理助理等高级管理人员须经任职资格许可。

农村商业银行、农村合作银行、村镇银行营业部负责人和支行行长，县（市、区）农村信用合作社联合社、农村信用合作联社、农村信用联社营业部负责人和信用社主任，地市农村信用合作联社、农村信用联社营业部负责人和信用社主任、副主任，农村商业银行分行营业部负责人应符合拟任人任职资格条件。

其他虽未担任上述职务，但实际履行本条前两款所列董事（理事）和高级管理人员职责的人员，应按银监会认定的同类人员纳入任职资格管理。

第九十七条 农村中小金融机构董事（理事）和高级管理人员拟任人应符合以下基本条件：

（一）具有完全民事行为能力；
（二）具有良好的守法合规记录；
（三）具有良好的品行、声誉；
（四）具有担任拟任职务所需的相关知识、经验及能力；
（五）具有良好的经济、金融从业记录；
（六）个人及家庭财务稳健；
（七）具有担任拟任职务所需的独立性；
（八）履行对金融机构的忠实与勤勉义务。

第九十八条 拟任人有下列情形之一的，视为不符合本办法第九十七条

(二)、(三)、(五)项规定的条件,不得担任农村中小金融机构董事(理事)和高级管理人员:

(一)有故意或重大过失犯罪记录的;

(二)有违反社会公德的不良行为,造成恶劣影响的;

(三)对曾任职机构违法违规经营活动或重大损失负有个人责任或直接领导责任,情节严重的;

(四)担任或曾任被接管、撤销、宣告破产或吊销营业执照机构的董事(理事)或高级管理人员的,但能够证明本人对曾任职机构被接管、撤销、宣告破产或吊销营业执照不负有个人责任的除外;

(五)因违反职业道德、操守或者工作严重失职,造成重大损失或恶劣影响的;

(六)指使、参与所任职机构不配合依法监管或案件查处的;

(七)被取消终身的董事(理事)和高级管理人员任职资格,或受到监管机构或其他金融管理部门处罚累计达到两次以上的;

(八)不具备本办法规定的任职资格条件,采取不正当手段以获得任职资格核准的。

第九十九条 拟任人有下列情形之一的,视为不符合本办法第九十七条(六)、(七)项规定的条件,不得担任农村中小金融机构董事(理事)和高级管理人员:

(一)截至申请任职资格时,本人或其配偶仍有数额较大的逾期债务未能偿还,包括但不限于在该金融机构的逾期贷款;

(二)本人或其配偶及其他近亲属合并持有该金融机构5%以上股份或股金,且从该金融机构获得的授信总额明显超过其持有的该金融机构股权净值;

(三)本人及其所控股的股东单位合并持有该金融机构5%以上股份或股金,且从该金融机构获得的授信总额明显超过其持有的该金融机构股权净值;

(四)本人或其配偶在持有该金融机构5%以上股份或股金的股东单位任职,且该股东从该金融机构获得的授信总额明显超过其持有的该金融机构股权净值,但能够证明授信与本人及其配偶没有关系的除外;

(五)存在其他所任职务与其在该金融机构拟任、现任职务有明显利益冲突,或明显分散其在该金融机构履职时间和精力的情形;

(六)银监会按照实质重于形式原则确定的未达到农村中小金融机构董事(理事)、高级管理人员在财务状况、独立性方面最低监管要求的其他情形。

第一百条 申请农村中小金融机构董事(理事)任职资格,拟任人除应符合本办法第九十七条规定条件外,还应具备以下条件:

（一）5年以上的法律、经济、金融、财务或其他有利于履行董事（理事）职责的工作经历；

（二）能够运用金融机构的财务报表和统计报表判断金融机构的经营管理和风险状况；

（三）了解拟任职机构公司治理结构、公司章程和董事（理事）会职责。

申请农村中小金融机构独立董事（理事）任职资格，拟任人还应是法律、经济、金融、财会方面的专业人员，并符合相关法规规定。

农村资金互助社理事不适用本条规定。

第一百零一条　除不得存在第九十八条、第九十九条所列情形外，农村中小金融机构拟任独立董事（理事）还不得存在下列情形：

（一）本人及其近亲属合并持有该金融机构1%以上股份或股金；

（二）本人或其近亲属在持有该金融机构1%以上股份或股金的股东单位任职；

（三）本人或其近亲属在该金融机构、该金融机构控股或者实际控制的机构任职；

（四）本人或其近亲属在不能按期偿还该金融机构贷款的机构任职；

（五）本人或其近亲属任职的机构与本人拟任职金融机构之间存在法律、会计、审计、管理咨询、担保合作等方面的业务联系或债权债务等方面的利益关系，以致妨碍其履职独立性的情形；

（六）本人或其近亲属可能被拟任职金融机构大股东、高管层控制或施加重大影响，以致妨碍其履职独立性的情形；

（七）银监会按照实质重于形式原则确定的未达到农村中小金融机构独立董事（理事）在独立性方面最低监管要求的其他情形。

独立董事（理事）在同一家农村中小金融机构任职时间累积不得超过6年。

第一百零二条　申请农村中小金融机构董事长（理事长）、副董事长（副理事长）、独立董事（理事）和董事会秘书任职资格，拟任人还应分别符合以下学历和从业年限条件：

（一）拟任农村商业银行、农村合作银行董事长、副董事长，省（自治区）农村信用社联合社理事长、副理事长，地市农村信用联社董事长、副董事长，地市农村信用合作社联合社、地市农村信用合作联社理事长、副理事长，应具备本科以上学历，从事金融工作6年以上，或从事相关经济工作10年以上（其中从事金融工作3年以上）；

（二）拟任县（市、区）农村信用联社董事长、副董事长，县（市、区）农村信用合作社联合社、县（市、区）农村信用合作联社理事长、副理事长，农村商业银行、农村合作银行、农村信用联社董事会秘书,农村信用合作社理事长、副理事长,村镇银行董事长、执行董事、董事会秘书,应具备大专以上学历,从事金融工作4年以上,或从事相关经济工作6年以上(其中从事金融工作2年以上);

(三)拟任农村资金互助社理事长,应具备高中或中专以上学历;

(四)拟任独立董事(理事),应具备本科以上学历。

第一百零三条 农村中小金融机构拟任高级管理人员应了解拟任职务的职责,熟悉同类型机构的管理框架、盈利模式,熟知同类型机构的内控制度,具备与拟任职务相适应的风险管理能力。

第一百零四条 农村中小金融机构高级管理人员拟任人还应分别符合以下学历和从业年限条件:

(一)拟任农村商业银行、农村合作银行行长、副行长、行长助理、风险总监、财务总监、合规总监,分行行长、副行长、行长助理,专营机构总经理、副总经理、总经理助理,省(自治区)农村信用社联合社主任、副主任、主任助理、总审计师,地市农村信用合作社联合社、地市农村信用合作联社、地市农村信用联社主任、副主任,省(自治区)农村信用社联合社办事处(区域审计中心)主任,应具备本科以上学历,从事金融工作6年以上,或从事相关经济工作10年以上(其中从事金融工作3年以上);

(二)拟任县(市、区)农村信用合作社联合社、县(市、区)农村信用合作联社、农村信用联社主任、副主任、营业部负责人,地市农村信用合作联社、农村信用联社信用社主任、副主任、营业部负责人,农村商业银行和农村合作银行营业部负责人,农村商业银行分行营业部负责人,农村商业银行、农村合作银行支行行长,村镇银行行长、副行长、行长助理、风险总监、财务总监、合规总监、营业部负责人、支行行长,农村信用合作社主任、县(市、区)农村信用合作联社信用社主任、农村信用联社信用社主任,贷款公司总经理,应具备大专以上学历,从事金融工作4年以上,或从事相关经济工作6年以上(其中从事金融工作2年以上);

(三)拟任农村商业银行、农村合作银行、村镇银行总审计师、总会计师、内审部门负责人、财务部门负责人,应具备大专以上学历,取得国家或国际认可的会计、审计专业技术职称(或通过国家或国际认可的会计、审计专业技术资格考试),并从事财务、会计或审计工作6年以上(其中从事金融工作2年以上);

(四)拟任省(自治区)农村信用社联合社、农村商业银行、农村合作银行、村镇银行合规部门负责人,应具备本科以上学历,并从事金融工作4年以上;

（五）拟任农村商业银行、农村合作银行、村镇银行首席信息官，应具备本科以上学历，并从事信息科技工作6年以上（其中任信息科技高级管理职务4年以上并从事金融工作2年以上）；

（六）拟任农村资金互助社经理，应具备高中或中专以上学历。

第一百零五条　拟任人未达到上述学历要求，但符合以下条件的，视同达到相应学历要求：

（一）取得国家教育行政主管部门认可院校授予的学士以上学位的；

（二）取得注册会计师、注册审计师或与拟任职务相关的高级专业技术职务资格的，视同达到相应学历要求，其任职条件中金融工作年限要求应增加4年；

（三）应具备本科学历要求，现学历为大专的，应相应增加6年以上金融或8年以上相关经济工作经历（其中从事金融工作4年以上）；

（四）应具备大专学历要求，现学历为高中或中专的，应相应增加6年以上金融或8年以上相关经济工作经历（其中从事金融工作4年以上）。

第二节　任职资格许可程序

第一百零六条　董事（理事）和高级管理人员任职资格申请或报告由法人机构提交。

第一百零七条　以下机构董事（理事）和高级管理人员任职资格申请由银监分局或所在城市银监局受理、审查并决定。

（）县（市、区）农村商业银行、农村合作银行、农村信用联社、村镇银行董事长、副董事长、董事、董事会秘书和高级管理人员，贷款公司总经理；

（二）地市农村商业银行副董事长、董事、董事会秘书、副行长、行长助理、风险总监、财务总监、合规总监、总审计师、总会计师、首席信息官、内审部门负责人、财务部门负责人、合规部门负责人；

（三）农村信用合作社、县（市、区）农村信用合作社联合社、县（市、区）农村信用合作联社、农村资金互助社理事长、副理事长、理事和高级管理人员；

（四）地市农村信用合作社联合社、地市农村信用合作联社副理事长、理事、副主任，地市农村信用联社副董事长、董事、副主任；

（五）农村商业银行分行行长、副行长、行长助理，专营机构总经理、副总经理、总经理助理。

农村商业银行、农村合作银行、村镇银行营业部负责人和支行行长，县（市、区）农村信用合作社联合社、农村信用合作联社、农村信用联社营业部负责人和信用社主任，地市农村信用合作联社、农村信用联社营业部负责人和信用社主任、副主任，农村商业银行分行营业部负责人任职应报告银监分局或所在城市银监局。

第一百零八条　以下机构董事（理事）和高级管理人员任职资格申请由银监分局受理并初步审查，银监局审查并决定。

（一）地市农村商业银行董事长、行长；

（二）地市农村信用合作社联合社、地市农村信用合作联社理事长、主任，地市农村信用联社董事长、主任；

（三）省（自治区）农村信用社联合社办事处（区域审计中心）主任。

第一百零九条　直辖市农村商业银行和省（自治区）农村信用社联合社董事（理事）及高级管理人员任职资格申请由银监局受理、审查并决定，事后报告银监会。

第一百一十条　农村中小金融机构及其分支机构新设立时，董事（理事）和高级管理人员的任职资格申请或报告，与该机构开业申请一并提交。

第一百一十一条　董事长（理事长）、副董事长（副理事长）和高级管理人员任职资格谈话、考试由决定机关或由决定机关授权受理机关在审查中或事前进行。

第一百一十二条　拟任人现任或曾任金融机构董事长（理事长）、副董事长（副理事长）和高级管理人员的，法人机构在提交任职资格申请材料或报告时，还应提交该拟任人的离任审计报告或经济责任审计报告。

本办法所称离任审计报告是指农村中小金融机构自身或聘请外部审计机构对其离任的董事长（理事长）、副董事长（副理事长）、高级管理人员进行审计后，于该人员离任后60日内向监管机构报送的书面报告。

第一百一十三条　具有高管任职资格且未连续中断任职1年以上的拟任人在同一法人机构内，同类性质平行调整职务或改任较低职务的，不需重新申请核准任职资格。拟任人应当在任职后5日内向任职机构所在地银监会派出机构报告。

农村中小金融机构董事（理事）和高级管理人员任期届满，被重新选举或聘任为董事（理事）和高级管理人员的，比照前款执行。

第一百一十四条　农村中小金融机构董事长（理事长）、行长（主任）、分支行行长、专营机构总经理、信用社主任缺位时，农村中小金融机构可以按照公司章程等规定指定符合相应任职资格条件的人员代为履职，并自作出决定之日起3日内向监管机构报告。代为履职的人员不符合任职资格条件的，监管机构可以责令农村中小金融机构限期调整代为履职的人员。

代为履职的时间不得超过6个月。农村中小金融机构应在6个月内选聘具有任职资格的人员正式任职。

第一百一十五条　董事（理事）和高级管理人员在任职资格获得核准前不

得到任履职。

农村商业银行、农村合作银行、村镇银行营业部负责人和支行行长，县（市、区）农村信用合作社联合社、农村信用合作联社、农村信用联社营业部负责人和信用社主任，地市农村信用合作联社、农村信用联社营业部负责人和信用社主任、副主任，农村商业银行分行营业部负责人在提交任职报告前不得到任履职，拟任人不符合任职资格条件的，监管机构可以责令农村中小金融机构限期调整任职人员。

第一百一十六条 本章所列需审批的任职资格事项，由下级监管机关受理、报上级监管机关决定的，自上级监管机关收到完整申请材料之日起30日内作出核准或不予核准的书面决定；由同一监管机关受理、审查并决定的，自受理之日起30日内作出核准或不予核准的书面决定。

第八章 附则

第一百一十七条 农村信用联社组建农村商业银行事项、农村合作银行设立事项及其行政许可条件、程序、事权划分和时限按照本办法农村商业银行设立的相关规定执行。

农村信用合作社联合社分支机构设立、变更及其高级管理人员任职资格许可条件、程序、事权划分和时限按照本办法农村信用合作联社的有关规定执行。

第一百一十八条 机构变更许可事项，农村中小金融机构应在决定机关作出行政许可决定之日起6个月内完成变更，并向决定机关和所在地银监会派出机构书面报告。董事（理事）和高级管理人员任职资格许可事项，拟任人应在决定机关核准任职资格之日起3个月内到任，农村中小金融机构应向决定机关和所在地银监会派出机构书面报告。法律、行政法规另有规定的除外。

未在前款规定的期限内完成变更或到任的，行政许可决定文件失效，由决定机关办理许可注销手续。

第一百一十九条 农村中小金融机构设立、变更和终止，涉及工商、税务登记变更等法定程序的，应在完成相关变更手续后1个月内向决定机关和所在地银监会派出机构报告。

第一百二十条 农村中小金融机构解散后改制为农村商业银行、农村合作银行、农村信用合作联社、农村信用联社分支机构的，该分支机构开业申请及相关高级管理人员任职资格申请或报告应一并提交。

农村商业银行、农村合作银行、农村信用合作联社、农村信用联社设立后，其本部及分支机构均应启用新设机构的金融许可证、营业执照、印章、凭证、牌匾等。

第一百二十一条　香港、澳门和台湾地区的银行投资入股农村中小金融机构，比照适用境外银行有关规定。

第一百二十二条　本办法所称注册地辖区指城区法人机构所服务的当地市辖区、县域法人机构所服务的当地县域。本办法中"以上"含本数或本级，本办法中的"日"均为工作日。

第一百二十三条　本办法由银监会负责解释。

第一百二十四条　本办法自公布之日起施行，《中国银监会农村中小金融机构行政许可事项实施办法》（中国银监会令 2014 年第 4 号）同时废止。

参考文献

[1] Ayyagari M, Demirgüçkunt A, Maksimovic V. Formal versus Informal Finance: Evidence from China [J]. Review of Financial Studies, 2008, 23 (8): 3048 – 3097.

[2] Brau J C, Woller G M. Microfinance: A comprehensive review of the existing literature [J]. Journal of Entrepreneurial Finance, 2004, 9 (1): 1 – 28.

[3] Binswanger H P, Khandker S R. The Impact of Formal Finance on the Rural Economy of India [J]. Journal of Development Study, 1995, 32 (2): 234 – 262.

[4] Bastelaer T V, Leathers H. Trust in Lending: Social Capital and Joint Liability Seed Loans in Southern Zambia [J]. World Development, 2006, 34 (10): 1788 – 1807.

[5] Boonperm J, Haughton J, Khandker S R. Does the village fund matter in Thailand? Evaluating the impact on incomes and spending [J]. Journal of Asian Economics, 2013, 25 (C): 3 – 16.

[6] Cheng E, Xu Z. Rates of interest, credit supply and China's rural development [J]. Savings & Development, 2004, 28 (2): 131 – 156.

[7] Cheng E. The demand for micro-credit as a determinant for microfinance outreach-Evidence from China [J]. Savings & Development, 2007, 31 (3): 307 – 334.

[8] Caiter M R. Equilibrium Credit Rationing of Small Farm Agriculture [J]. Journal of Development Studies, 1988, 28 (1): 83 – 103.

[9] Coleman B E. The Impact of Group Lending in Northeast Thailand [J]. Journal of Development Economics, 1999, 60 (1): 105 – 141.

[10] Duong P B, Izumida Y. Rural development finance in Vietnam: A micro. econometric analysis of household surveys [J]. World Development, 2002, 30 (2): 319 – 335.

[11] Foltz J D. Credit Market Access and Profitability in Tunisian Agriculture [J]. Agricultural Economics, 2004, 30 (3): 229 –240.

[12] Gale F, Collender R. New Directions in China's Agricultural Lending. Electronic Outlook Report (WRS – 06 – 01) [EB/OL]. http://www.ers.usda.Gov/publications/WRS0601/WRS0601.pdf (accessed 06.06.07). 2006 – 01.

[13] Giné X. Access to capital in rural Thailand: An estimated model of formal vs. informal credit [J]. Journal of Development Economics, 2011, 96 (1): 16 –29.

[14] Hesser L F, Schuh G E. The Demand for Agricultural Mortgage Credit [J]. American Journal of Agricultural Economics, 1962, 44 (5): 1583 –1588.

[15] Hanemann W M, Loomis J B, Kaninnen B J. Statistical Efficiency of Double Bounded Dichotomous Choice Contingent Valuation [J]. Amer. J. Agr. Econ., 1991 (73): 1255 –1263.

[16] Hanemann W M. Willingness to Pay and Willingness to Accept: How Much Can They Differ? [J]. American Economic Review, 1991, 81 (3): 635 –647.

[17] Heckman J J. Sample selection bias as a specification error [J]. Econometrica, 1979, (1): 153 – 161.

[18] Iqbal F. The demands for funds by agricultural households: Evidence from rural India [J]. Journal of Development Studies, 2007, 20 (1): 68 –86.

[19] Iqbal F. The Demand and Supply of Funds among Agricultural Households in India in Agricultural household model: application and policy [M]. World Bank Publication, John Hopkins University Press, Baltimore and London, 1986.

[20] Kanninen B J. Optimal Experimental Design for Double-Bounded Dichotomous Choice Contingent Valuation [J]. Land Economics, 1993, 69 (2): 138 – 146.

[21] Kochar. An Empirical Investigation of Rationing Constraints in Rural Credit Markets in India [J]. Journal of Development Economics, 1997, 53 (2): 339 –371.

[22] Kaboski J P, Townsend R M. The impact of credit on village economies [J]. American Economic Journal Applied Economics, 2012, 4 (2): 98 –133.

[23] Komicha H. Farm household economic behaviour in imperfect financial markets [D]. Sweden: Department of Economics Publications, 2007.

[24] Li Rui, Zhu Xi. Econometric Analysis of Credit Constraints of Chinese Rural Households and Welfare Loss [J]. Applied Economics, 2010, 42 (13): 1615 –1625.

[25] Long M F. Why Peasant Farmers Borrow [J]. American Journal of Agricultural Economics, 1968, 50 (4): 991 – 1008.

[26] Loomis J, Ekstrand E. Economic Benefits of Critical Habitat for the Mexican Spotted Owl: A Scope Test Using a Multiple-Bounded Contingent Valuation Survey [J]. Journal of Agricultural and Resource Economics, 1997, 22 (2): 356 – 366.

[27] Lusk J L. Effects of Cheap Talk on Consumer Willingness to Pay for Golden Rice [J]. Amer. J. Agr. Econ., 2003, 85 (4): 840 – 856.

[28] Li X, Gan C, Hu B. Accessibility to microcredit by Chinese rural households [J]. Journal of Asian Economics, 2011, 22 (3): 235 – 246.

[29] Li X, Gan C, Hu B. The welfare impact of microcredit on rural households in China [J]. Journal of Socio-Economics, 2011, 40 (4): 404 – 411.

[30] Ma X H. The difficulties and policy reform in China's rural finance [M]. Organisation for Economic Cooperation and Development (OECD) -Centre for Cooperation with Non – members. Rural Finance and Credit Infrastructure in China. Paris: OECD Publications. 2004.

[31] Milde H, Riley J G. Signaling in Credit Markets [J]. Quarterly Journal of Economics, 1988, 103 (1): 101 – 129.

[32] Menkhoff L, Rungruxsirivorn O. Do Village Funds Improve Access to Finance? Evidence from Thailand [J]. World Development, 2011, 39 (1): 110 – 122.

[33] Mohieldin M S, Wright P W. Formal and informal credit markets in Egypt [J]. Economic Development and Cultural Change, 2000, 48 (3): 657 – 670.

[34] Nestor D V. Policy Evaluation with Combined Actual and Contingent Response Data [J]. American Journal of Agricultural Economics, 1998, 80 (2): 264 – 276.

[35] Nagarajan G, Meyer R L, Hushak L J. Segmentation in the informal credit markets: the case of the Philippines [J]. Agricultural Economics of Agricultural Economists, 1995, 12 (2): 171 – 181.

[36] Pitt M M, Khandker S R. The Impact of Group-based Credit Programs on Poor Household in Bangladesh: Does the Gender of Participants Matter? [J]. Journal of Political Economics, 1998, 106 (5): 958 – 996.

[37] Pani P K. Cultivators' Demand for Credit: A Cross Section Analysis [J]. International Economic Review, 1966, 7 (2): 176 – 203.

[38] Swain R B. Credit Rationing in Rural India [J]. Journal of Economic

Development, 2002, 27 (2): 1 - 20.

[39] Siamwalla A, Pinthong C, Poapongsakom N, et al. The Thai rural credit system: Public subsidies, private information, and segmented markets [J]. World Bank Economic Review, 1990, 4 (3): 271 - 295.

[40] Scarpa R, Bateman I. Efficiency Gains Afforded by Improved Bid Design versus Follow-up Valuation Questions in Discrete-Choice CV Studies [J]. Land Economics, 2000, 76 (2): 299 - 311.

[41] Turvey C G, Kong R, Huo X. Borrowing amongst friends: the economics of informal credit in rural China [J]. China Agricultural Economic Review, 2010, 2 (2): 133 - 147.

[42] Varghese A. Bank-money lender linkage as an alternative to bank competition in rural credit markets [J]. Oxford Economic Papers, 2005, 57 (2): 315 - 335.

[43] 陈鹏, 孙涌. 边际约束及成本结构变动下的农村金融改革与发展 [J]. 管理世界, 2007 (3): 81 - 88.

[44] 常建新, 姚慧琴. 陕西省农户金融抑制与福利损失——基于2007~2012年6000户农户调研数据的实证分析 [J]. 西北大学学报 (哲学社会科学版), 2015 (3): 65 - 71.

[45] 曹力群. 农村金融改革与农户借贷行为研究 [R]. 中国农村研究报告, 2000.

[46] 褚保金, 卢亚娟, 张龙耀. 农户不同类型借贷的需求影响因素实证研究——以江苏省泗洪县为例 [J]. 江海学刊, 2008, (3): 58 - 62.

[47] 褚保金, 卢亚娟, 张龙耀. 信贷配给下农户借贷的福利效果分析 [J]. 中国农村经济, 2009 (6): 51 - 61.

[48] 邓学衷, 陈天阁. 农村金融改革: 以需求为引导的供给调整 [J]. 金融理论与实践, 2005 (12): 20 - 22.

[49] 董晓林, 朱敏杰, 杨小丽. 放宽市场准入、信贷技术创新与农村小微企业融资 [J]. 南京农业大学学报 (社会科学版), 2015 (1): 24 - 31.

[50] 丁志国, 徐德财, 覃朝晖. 被动选择还是主观偏好: 农户融资为何更加倾向民间渠道 [J]. 农业技术经济, 2014 (11): 52 - 64.

[51] 房德东, 王坚, 霍学喜. 试论我国农村领域的金融抑制问题 [J]. 中国农村金融, 2004 (8): 27 - 28.

[52] 范里安著. 微观经济学: 现代观点 [M]. 方域译. 上海: 上海人民出版社, 1994.

[53] 冯旭芳. 贫困农户借贷特征及其影响因素分析——以世界银行某贫困项目监测区为例 [J]. 中国农村观察, 2007 (3): 51-57.

[54] 傅昌銮. 不同类型农村中小金融机构绩效的决定——基于浙江省的研究 [J]. 农业经济问题, 2015 (5): 71-77.

[55] 高帆. 我国农村中的需求型金融抑制及其解除 [J]. 中国农村经济, 2002 (12): 68-72.

[56] 高东, 石瑾. 我国农村金融体系建设和金融产品供给中的问题与对策 [J]. 农业经济, 2009 (8): 69-70.

[57] 高鸿业. 西方经济学（微观部分）[M]. 北京: 中国人民大学出版社, 2004.

[58] 宫建强, 张兵. 影响农户借贷需求的因素分析——基于江苏农户调查的经验数据 [J]. 中国农学通报, 2008, 24 (5): 501-507.

[59] 顾和军, 沈坤荣, 刘倩雯. 中国劳动力结构演变与经济增长 [J]. 江苏社会科学, 2015 (3): 1-7.

[60] 葛永波, 周倬君, 马云倩. 新型农村金融机构可持续发展的影响因素与对策透视 [J]. 农业经济问题, 2011 (12): 48-54.

[61] 黄宗煌. 游憩资源稀少性之测定方法——有效价格之分析 [J]. 台湾土地金融季刊, 1989, 26 (4): 165-178.

[62] 洪正. 新型农村金融机构改革可行吗？——基于监督效率视角的分析 [J]. 经济研究, 2011 (2): 44-58.

[63] 何广文. 中国农村金融供求特征及均衡供求的路径选择 [J]. 中国农村经济, 2001 (10): 40-45.

[64] 何军, 宁满秀, 史清华. 农户民间借贷需求及影响因素实证研究——基于江苏省390户农户调查数据分析 [J]. 南京农业大学学报（社会科学版）, 2005, 5 (4): 20-24.

[65] 霍学喜, 屈小博. 西部传统农业区域农户资金借贷需求与供给分析——对陕西渭北地区农户资金借贷的调查与思考 [J]. 中国农村经济, 2005 (8): 58-67.

[66] 韩俊, 罗丹, 程郁. 信贷约束下农户借贷需求行为的实证研究 [J]. 农业经济问题, 2007 (2): 44-52.

[67] 黄祖辉, 刘西川, 程恩江. 中国农户的信贷需求: 生产性抑或消费性——方法比较与实证分析 [J]. 管理世界, 2007 (3): 73-80.

[68] 郝凯, 丁娟娟, 郑春梅. 关于农村信用社利率改革的思考 [J]. 商业时代, 2007 (14): 75-76.

[69] 贺莎莎. 农户借贷行为及其影响因素分析——以湖南省花岩溪村为例 [J]. 中国农村观察, 2008 (1): 39-50.

[70] 胡枫, 陈玉宇. 社会网络与农户借贷行为——来自中国家庭动态跟踪调查 (CFPS) 的证据 [J]. 金融研究, 2012 (12): 178-192.

[71] 金烨, 李宏彬. 非正规金融与农户借贷行为 [J]. 金融研究, 2009 (4): 63-79.

[72] 孔荣, Calum Turvey, 罗剑朝. 信任、利率与农村金融市场竞合关系——中国农村小额信贷市场的理论模型 [J]. 农业技术经济, 2007 (5): 4-9.

[73] 鲁靖, 邓晶. 中国农村金融行为与金融创新研究 [J]. 农业经济问题, 2005, 26 (1): 48-53.

[74] 李庆海, 李锐, 汪三贵. 农户信贷配给及其福利损失——基于面板数据的分析 [J]. 数量经济技术经济研究, 2012 (8): 35-48, 78.

[75] 李刚. 农村金融深化对农村经济发展的相关性分析 [J]. 财经科学, 2005 (4): 123-128.

[76] 李静. 农村金融发展和改革的地区差别 [J]. 中国农村观察, 2005 (6): 17-29.

[77] 李春. 农户借贷行为演变趋势比较研究——以1986~2002年浙江10村固定跟踪观察农户为例 [J]. 农业经济问题, 2005 (9): 16-22.

[78] 李晓明, 何宗干. 传统农区农户借贷行为的实证分析——基于安徽省农户借贷行为的调查 [J]. 农业经济问题, 2006 (6): 36-38.

[79] 刘西川, 金铃, 程恩江. 推进农村金融改革, 扩展穷人信贷市场——中国非政府小额信贷和农村金融国际研讨会综述 [J]. 中国农村经济, 2006 (8): 74-78.

[80] 黎翠梅, 陈巧玲. 传统农区农户借贷行为影响因素的实证分析——基于湖南省华容县和安乡县农户借贷行为的调查 [J]. 农业技术经济, 2007 (5): 44-48.

[81] 黎翠梅, 陈巧玲. 农户民间借贷需求影响因素的实证研究——以湘北234户农户的调查为例 [J]. 经济问题, 2007 (11): 71-73.

[82] 李锐, 李超. 农户借贷行为和偏好的计量分析 [J]. 中国农村经济, 2007 (8): 4-14.

[83] 李锐, 李宁辉. 农户借贷行为及其福利效果分析 [J]. 经济研究, 2004 (12): 96-104.

[84] 刘西川. 贫困地区农户的信贷需求与信贷约束 [M]. 浙江: 浙江大学

出版社，2008．

[85] 刘姣华．利率市场化的风险防范与现实应对：村镇银行个案 [J]．改革，2014（1）：61-68．

[86] 林乐芬，赵倩，沈建芬．准新型农村金融机构运行绩效及影响因素研究——基于28家农民资金互助合作社的调查 [J]．南京农业大学学报（社会科学版），2013（2）：50-59．

[87] 梁静雅，王修华，杨刚．农村金融增量改革实施效果研究 [J]．农业经济问题，2012（3）：22-28．

[88] 马晓河，蓝海涛．当前我国农村金融面临的困境与改革思路 [J]．中国金融，2003（11）：11-13．

[89] 马晓河，姜长云．关于加快农村金融体制改革的若干思考 [J]．经济研究参考，2003（80）：2-8．

[90] 马晓青，朱喜，史清华．农户融资偏好顺序及其决定因素——来自五省农户调查的微观证据 [J]．社会科学战线，2010（4）：72-80．

[91] 马晓青，刘莉亚，胡乃红，等．信贷需求与融资渠道偏好影响因素的实证分析 [J]．中国农村经济，2012（5）：65-76．

[92] 潘海英，翟方正，刘丹丹．经济发达地区农户借贷需求特征及影响因素研究——基于浙江温岭市的调查 [J]．财贸研究，2011（5）：48-56．

[93] 乔海曙．农村经济发展中的金融约束及解除 [J]．农业经济问题，2001（3）：19-23．

[94] 曲小刚，罗剑朝．大型商业银行培育村镇银行的绩效考察 [J]．金融论坛，2013（2）：68-72．

[95] 秦建群，吕忠伟，秦建国．农户分层信贷渠道选择行为及其影响因素分析——基于农村二元金融结构的实证研究 [J]．数量经济技术经济研究，2011（10）：37-49．

[96] 孙香玉．农业保险补贴的福利研究及参保方式的选择——对新疆、黑龙江与江苏农户的实证分析 [D]．南京农业大学博士学位论文，2008．

[97] 史清华，陈凯．欠发达地区农民借贷行为的实证分析——山西745户农民家庭的借贷行为的调查 [J]．农业经济问题，2002（10）：29-35．

[98] 苏明达．近似理想诱导支付条件评估模式之理论建构与实证检验：以黑面琵鹭保护区多样性资源价值之探讨为例 [D]．台湾大学农业经济学研究所博士论文，2003．

[99] 苏明达，吴佩瑛．愿意支付最佳效率指标之建构与验证 [J]．农业经济丛刊（台湾），2004，9（2）：27-60．

[100] 宋磊, 李俊丽. 农户信贷需求与农村金融市场非均衡态势的实证分析——基于泰安市农户信贷供求现状的调查 [J]. 农业经济问题, 2006 (7): 55-61.

[101] 童馨乐, 杜婷, 徐菲菲, 等. 需求视角下农户借贷行为分析——以六省农户调查数据为例 [J]. 农业经济问题, 2015 (9): 89-96.

[102] 王叙果. 我国农村金融市场的非均衡性分析 [J]. 农业经济问题, 2005 (2): 40-43.

[103] 吴珮瑛, 刘哲良, 苏明达. 受访金额在开放选择条件评估支付模式的作用——引导或是误导 [J]. 农业经济 (半年刊), 2005 (77): 1-25.

[104] 王小鲁, 樊纲. 中国地区差距的变动趋势和影响因素 [J]. 经济研究, 2004 (1): 33-44.

[105] 温涛, 王煜宇. 政府主导的农业信贷、财政支农模式的经济效应——基于中国1952~2002年的经验验证 [J]. 中国农村经济, 2005 (10): 18-27.

[106] 王金龙. 我国农村金融供求状况分析 [J]. 农业经济问题, 2005 (11): 47-50.

[107] 吴典军, 张晓涛. 农户的信贷约束——基于684户农户调查的实证研究 [J]. 农业技术经济, 2008 (4): 41-47.

[108] 王煜宇. 新型农村金融服务主体与发展定位：解析村镇银行 [J]. 改革, 2014 (4): 116-123.

[109] 王修华, 谭开通. 农户信贷排斥形成的内在机理及其经验检验——基于中国微观调查数据 [J]. 中国软科学, 2012 (6): 139-150.

[110] 王定祥, 田庆刚, 李伶俐, 等. 贫困型农户信贷需求与信贷行为实证研究 [J]. 金融研究, 2011 (5): 124-138.

[111] 谢平. 中国农村信用合作社体制改革的争论 [J]. 金融研究, 2001 (1): 1-13.

[112] 谢平, 尹龙. 网络经济下的金融理论与金融治理 [J]. 经济研究, 2001 (4): 24-31.

[113] 谢平, 许国平, 李德. 运用信用评级原理加强金融监管 [J]. 管理世界, 2001 (1): 125-131.

[114] 徐忠, 程恩江. 利率政策、农村金融机构行为与农村信贷短缺 [J]. 金融研究, 2004 (12): 34-44.

[115] 熊建国. 中国农户融资的现状分析与民间金融——来自江西省上饶市的个案调查与思考 [J]. 中国农村经济, 2006 (3): 59-62, 69.

[116] 熊学萍, 阮红新, 汪晓银. 农户金融行为与融资需求的实证分析——

基于湖北省天门市198个样本农户的调查［J］．农业技术经济，2007（4）：85－94．

［117］余泉生，周亚虹．信贷约束强度与农户福祉损失——基于中国农村金融调查截面数据的实证分析［J］．中国农村经济，2014（3）：36－47．

［118］叶敬忠，朱炎洁，杨洪萍．社会学视角的农户金融需求与农村金融供给［J］．中国农村经济，2004（8）：31－37，43．

［119］颜志杰，张林秀，张兵．中国农户信贷特征及其影响因素分析［J］．农业技术经济，2005（4）：2－8．

［120］姚耀军．中国农村金融研究的进展［J］．浙江社会科学，2005（4）：177－183．

［121］赵丙奇，冯兴元．农村金融发展战略选择：一个非正式金融视角［J］．农业经济问题，2008，29（3）：22－27．

［122］赵丙奇．声誉、非正式金融与农户融资［J］．社会科学战线，2008（12）：65－71．

［123］张琴，赵丙奇．从农村金融需求的视角看农村金融改革［J］．软科学，2006，20（2）：88－91．

［124］周宗安．农户信贷需求的调查与评析：以山东省为例［J］．金融研究，2010（2）：195－206．

［125］邹志强．农户信贷需求状况及影响因素分析——以福建为例［J］．福建论坛（人文社会科学版），2008（11）：89－92．

［126］中国社会科学院，农村发展研究所，农村金融研究课题组．农民金融需求及金融服务供给［J］．中国农村经济，2000（7）：55－62．

［127］朱守银，张照新，张海阳，汪承先．中国农村金融市场供给和需求——以传统农区为例［J］．管理世界，2003（3）：88－95．

［128］周小斌，耿洁，李秉龙．影响中国农户借贷需求的因素分析［J］．中国农村经济，2004（8）：26－30．

［129］周立．农村金融供求失衡与政策调整——广东东莞、惠州、梅州调查［J］．农业经济问题，2005（7）：15－20．

［130］朱喜，李子奈．我国农村正式金融机构对农户的信贷配给——一个联立离散选择模型的实证分析［J］．数量经济技术经济研究，2006（3）：37－49．

［131］张建杰．农户社会资本及对其信贷行为的影响——基于河南省397户农户调查的实证分析［J］．农业经济问题，2008（9）：28－34．

［132］赵振宗．正规金融、非正规金融对家户福利的影响——来自中国农村的证据［J］．经济评论，2011（4）：89－95．

[133] 张三峰,卜茂亮,杨德才.信用评级能缓解农户正规金融信贷配给吗?——基于全国10省农户借贷数据的经验研究[J].经济科学,2013(2):81-93.

[134] 张庆昉.农户结构和行为对借贷倾向的影响研究——基于湖南2000户农户的问卷调查[J].财经理论与实践,2010(3):24-29.